中华圣贤传奇系列

悲剧英雄项羽

姜正成◎主编

中国财富出版社

图书在版编目（CIP）数据

悲剧英雄——项羽 / 姜正成主编. —北京：中国财富出版社，2016.3

（中华圣贤传奇系列）

ISBN 978-7-5047-5991-7

Ⅰ. ①悲… Ⅱ. ①姜… Ⅲ. ①项羽（前232～前202）-生平事迹 Ⅳ. ①K827=33

中国版本图书馆 CIP 数据核字（2015）第303426号

策划编辑	刘　晗	**责任编辑**	尚林达　于晨苗		
责任印制	方朋远	**责任校对**	梁　凡	**责任发行**	邢小波

出版发行	中国财富出版社		
社　　址	北京市丰台区南四环西路188号5区20楼	**邮政编码**	100070
电　　话	010-52227568（发行部）		010-52227588转307（总编室）
	010-68589540（读者服务部）		010-52227588转305（质检部）
网　　址	http：// www. cfpress. com . cn		
经　　销	新华书店		
印　　刷	北京晨旭印刷厂		
书　　号	ISBN 978-7-5047-5991-7 / K・0205		
开　　本	710mm×1000mm　1/16	**版　　次**	2016年3月第1版
印　　张	15.5	**印　　次**	2016年3月第1次印刷
字　　数	200千字	**定　　价**	38.00元

前　言

项羽是中国古代叱咤风云、勇武绝伦、侠骨柔肠的盖世英雄，是两千多年来广为民间传颂和喜爱的“战神”。

项羽的祖父项燕是战国末期楚国名将，被秦将王翦所杀。项羽随叔父项梁发动会稽起义，后率军灭秦，威震海内。秦亡后项羽自立为西楚霸王，都彭城（今江苏徐州），分封十八诸侯王。公元前202年，项羽兵败后突围至乌江（今安徽和县东北），自刎而亡，年仅三十一岁。

项羽最令人伤感的是其身上所体现的悲剧色彩，他是政治和军事上失败的悲剧英雄；项羽最令人敬佩的是其身上所体现的精神品格，他是精神和道义上成功的盖世英雄。

他勇猛果敢。项羽统率全军北击章邯，渡过漳河后，沉掉舟船，破釜砸罐，烧毁营房，携带三天干粮，以此向士兵表示决一死战的决心。项羽在垓下之战前守无不坚，攻无不克，“所当者破，所击者服，未尝败北”。垓下之战后，项羽将坐骑送给乌江亭长，手持短兵器交战，一人杀死汉兵数百人，身上也受创十多处，最后只剩下二十八个骑兵，还分成四队向四方冲杀。梁启超指出，项羽“非有绝大之气魄，绝大之胆量，岂能于此四面楚歌之中打开一条血路”。

他刚正磊落。在鸿门宴上，项羽对范增多次目视和举起玉玦暗示默然不应，对樊哙多次不恭的言谈举止宽宏大量，对项伯阻挡项庄欲借舞剑之机刺杀刘邦的行为放任不管，不愿在酒宴上杀刘邦，致使刘邦寻机走脱。气得范增仰天慨叹："唉！竖子不足与谋。"后来项羽与刘邦约定以鸿沟为界，鸿沟以西属汉国，鸿沟以东属楚国。双方官兵都为休战喊万岁。项羽还将刘邦的父亲和妻子放归汉营，并守约退兵。而刘邦君臣认为这是灭楚良机，又一次背信弃义，毁约突袭楚军。

他决意献身。项羽在乌江自刎前曾有逃脱机会，他谢绝了，说："天要亡我，我渡江干什么！当年我和江东子弟八千人渡江西征，今无一人返回。纵然承蒙江东父老怜爱，以我为王，我有何面目见江东父老？即使他们不说，我内心也深感愧疚！"有人觉得项羽太傻，照这个逻辑，那么谭嗣同也很傻。维新变法失败，谭嗣同本可以逃走，为什么要静坐赴死呢？他说："各国变法无不从流血而成。今日中国未闻有因变法而流血者，此国之所以不昌也。有之，请自嗣同始。"谁能说他的死没有意义？一个国家，一个民族，怎能没有英雄？全是明哲保身的"聪明人"，这个国家和民族能做成什么事呢？

谈论项羽不能不提刘邦。有人说，刘邦战胜项羽是流氓战胜了英雄。刘邦出身贫贱，好酒好色，对妻儿无情无义，身上确有很多流氓习气。但他也有很多优点，他心胸豁达，志向远大，不拘小节，什么人都容得下。

刘邦肚子里没有多少墨水，但他悟性很高，不固执。他一向从谏如流，只要是对的，都听得进去。他打进长安后，听萧何的话，"财宝无所取，妇女无所幸"，只取地图，这就看出他不是一般的草寇。

他在与项羽苦战的时候，要求正在齐地作战的韩信救援，韩信这人很不讲政治，在这节骨眼儿上居然讲条件，要求封齐王。刘邦怒，继而醒悟，说：“大丈夫要当就当真王，当什么假王？”慷慨地应允韩信。可见他是一个豁达、灵活、通透的人。

刘邦没有文化，但也没有文化的束缚。他看不起儒生，经常抓起腐儒的帽子，“溲溺其冠”。因为那些儒生的计策，大多不合用。当郦食其来访时，他听到此人高声称自己是“高阳酒徒”，不似一般腐儒，肃然起敬，引入上座。可见，刘邦没有知识，但不轻视知识。当叔孙通为他制订朝仪，让他感受帝王的尊贵时，他体会到了文化的价值。

我们讲，领导干部要德才兼备。刘邦有没有德？他不能用有德无德来衡量，他做事爱使诈，有时简直要流氓，可以说“德”不高。刘邦在创业阶段，藐视道德规范，不被世俗观念所束缚。他不大看重亲情，在儒家看来，简直是禽兽。

有一次刘邦被项羽的大军追赶得狼狈逃跑，为了让自己乘坐的车子减轻重量逃得快一些，他竟然把儿子和女儿从车上推了下去。他的部下拼命把两个孩子抢回来，他却又把他们给推下去。如此几次三番，连部下都看不过去了。

刘邦永远不会放弃一丝一毫成功的希望，所以他也非常珍惜自己的生命。对于他来说，只要自己的命还在，成功的希望就还在。但不顾一切地寻求活命总显得太缺乏英雄气概，这也是后人经常指责他为“无赖”的原因之一。

项羽本是天下第一的勇士，假如能够在战场上一对一地决斗，那么刘邦早就已经身首异处。但刘邦根本不会给项羽这样的机会，当两人在战场内外较量时，项羽总有种无处着力的感觉。这是因为刘邦的眼里心里没有任何道德和规范的概念，而项羽却总被各种规范束缚住手脚。有

一次他抓住了刘邦的父亲，两军对垒时对刘邦威胁说要把他的父亲给煮了，但刘邦却满不在乎地回答说：

“咱们都曾经是楚怀王的属下，曾经相约为兄弟，所以我父亲就是你父亲。如果你今天把我父亲给煮了，请分我一杯肉羹。”

项羽气得当时就要杀了刘邦的父亲，但项伯劝他说像刘邦这样紧盯着天下的人根本就不会在乎亲人的死活，现在就算杀了他父亲也没意义，项羽这才住手作罢。只要能够活下去，只要能够赢，刘邦可以什么也不在乎，不论是父亲还是妻子儿女，他什么都可以不要，项羽却是根本无法理解他这种想法的。所以最终的结果是刘邦当上了开国皇帝，而项羽却只能自刎在乌江岸边。

刘邦缺少的东西，我们在项羽身上找到了。项羽失败了，但他所代表的东西也同样很重要，因此千百年来人们感到惋惜。所以我们说，刘邦和项羽其实是两种精神价值的代表，关于他们的话题将永远争论下去。

目录

第一章　秦末风云

陈胜，是阳城人，字涉。吴广，是阳夏人，字叔。陈胜曾经和别人一起被雇用耕田，一次当他停止耕作走到田埂上休息时，感慨恼恨了好一会儿，说："假如谁将来富贵了，大家相互不要忘记了。"和他一起受雇用的伙伴们笑着回答说："你是被雇给人家耕田的，哪能富贵呢？"陈胜叹息着说："唉！燕雀安知鸿鹄之志哉！"

第二章　少年项羽

项梁回到家里，把门关起来，对项羽说：“籍儿，我们项氏世世代代都是楚国的大将。你的爷爷也是被秦国杀害的。现在全国各地的老百姓都起兵反秦了，这正是我们替你爷爷报仇、恢复楚国的大好时机。今天，郡守找我去商量起兵的事情了。他说要我和桓楚作为大将军，带领士兵攻打秦国的军队。但是他是秦国的官员，他不会真心反秦的。他现在要反秦不过是担心老百姓起义会先杀了他。”

第三章　刘邦发迹

攻下沛县后，众人见刘邦推辞，便又拥立萧何、曹参，萧、曹都出身文吏，不懂军事，唯恐难以胜任，于是坚决推戴刘邦为主，甘愿听命于他。刘邦依旧推托，诸父老异口同声地说：“向来听说刘季奇异，必当大贵，并且我们已占卜过，只有季相最贵，望勿推辞！”刘邦盛情难却，只有答应，众人于是一致拥立刘邦为沛公，刘邦此时已四十八岁了。

第四章 峥嵘初露

很快，各地反秦的将领就在薛会齐了。将士们商议了很久也没有想到好的办法。大家都无可奈何。这时，哨兵来报，说一个老者来访，自称前来献计。来的人就是居巢人范增。范增是一个足智多谋的人，这一年他已经七十岁了。他对项梁和各位将领说：“各位将军，你们知道陈胜为什么会失败吗？”项梁和各位将领看着范增，茫然地摇了摇头。

第五章　巨鹿之战

项羽兴奋了。他命令道：“现在埋锅造饭，所有的士兵只准带三天的粮食；凿破所有的船只，全部沉到黄河里；烧掉所有的帐篷；做完饭后，把所有的锅也都砸破了。我们要在三天之内打败秦兵，打败秦兵以后我们就接收秦兵的粮食，到时候我们直接挥军往西，一举消灭秦国！”

第六章　刘邦先入关中

刘邦的大军开进了咸阳城。将士打开府库，分金取银；萧何带人进入丞相府中，把秦朝的有关档案资料运到军营里；刘邦走进秦王宫中，但见雕梁画栋，精细无比……刘邦和那些抢钱拿物的将士们，自然不会有人称道，唯有萧何抢书，倒是得到后人好评。因为这些图籍档案，为后来刘邦战胜项羽，建立汉朝，发挥了重要作用。

第七章 西楚霸王

分封完所有的将领，处理了旧时六国王族的事情以后，项羽自封为西楚霸王，统治楚国和魏国东面的九个郡，以彭城为都。至此，项羽的事业达到了一生中的顶峰，各国诸侯都对他俯首称臣。不过，项羽分封诸侯也为他自己埋下了隐患。在后来的岁月里，新旧诸侯由于对分封的事情不满，纷纷被刘邦利用，起来反对项羽。

第八章 楚汉相争

项羽率三万精兵，一路疾行，数日便已赶回彭城。回到彭城附近时，正是凌晨时分，项羽先指挥军队将萧（今安徽萧县西北）的汉军击溃，然后分兵至彭城的西面和南面切断汉军的退路，对汉军形成包围之势。天将大亮之时，楚军喊杀四起，项羽亲自率军向汉军发动猛攻。

第九章　死亦为鬼雄

项羽自刎后，楚国全境投降，只有鲁县（今山东曲阜）坚不投降。驻守鲁县的是一位姓李的将军，麾下有三千人的军队。鲁县乃孔子故乡，人人恪守忠义，刘邦不敢强攻鲁县，派人拿着项羽的人头去给鲁县军民看，李将军见项羽果然身故，只好答应投降。

悲剧英雄 项羽

第一章

秦末风云

陈胜，是阳城人，字涉。吴广，是阳夏人，字叔。陈胜曾经和别人一起被雇用耕田，一次当他停止耕作走到田埂上休息时，感慨恼恨了好一会儿，说："假如谁将来富贵了，大家相互不要忘记了。"和他一起受雇用的伙伴们笑着回答说："你是被雇给人家耕田的，哪能富贵呢？"陈胜叹息着说："唉！燕雀安知鸿鹄之志哉！"

秦始皇之死

公元前221年，秦将王贲率大军攻陷齐都临淄，齐军不战而降，齐王被俘，齐国随之灭亡。至此，东方六国尽数平定，秦始皇结束了春秋战国以来诸侯割据、混战的局面，建立了我国历史上第一个中央集权的封建国家。

秦始皇三十六年，也就是公元前211年的一天，有颗陨星坠落在东郡，落地后变为石块，有人在那块石头上刻了“秦始皇死而土地分”几个字。秦始皇听说了，且怒且惧，就派御史前去挨家查问，没有人认罪，于是把居住在那块石头周围的人全部抓来杀了，焚毁了那块陨石。

这一年，秦始皇四十八岁。秦始皇对死十分畏惧，石头的毁灭并未完全消除他心中的不快，便下令博学之人吟咏几首仙诗，都是关于长生不老的，然后立即让乐师谱成歌曲。每次出游，都让乐工弹唱，以排遣愁闷，谁知很快又传来不吉之兆。

到了秋天，从关东来的一个使臣，走夜路经过华阴平舒道，有人手持玉璧拦住使臣说：“替我送给滈池君。今年祖龙当死。”使者听了，摸不着头脑，便问他缘由，那人忽然不知所踪。使臣进咸阳城面圣时，献上玉璧，陈述了所遇见的情况。

秦始皇沉默了好一会儿，说：“你遇见的可能是山鬼，山鬼能知道什么？顶多能预知一年的事。”当时已是秋季，秦始皇说今年的日子已不多，这话未必能应验。到退朝时他又说：“祖龙就是人的祖先。”故意把“祖”解释成祖先，祖先是已死去的人，因此“祖龙死”自然与他无关。

秦始皇让人看那块玉璧，竟然是秦始皇二十八年（公元前219年）出外巡视渡江时沉入水中的那块。于是秦始皇为此事进行占卜，占卜的结果是迁徙才吉利。他便发布诏令，迁移三万户人家到黄河以北的榆中地区，每户授给爵位一级。

秋去冬来，天气严寒，秦始皇担心身体，深居简出。经过几个月的静养竟然没有生病，安稳过年。一出正月，秦始皇身心舒畅，完全消除了几个月以来的惶恐心态，便立即下旨出巡。

秦始皇三十七年（公元前210年），秦始皇出游。他的小儿子胡亥随同出游。大批侍从伴随左右，以左丞相李斯及中车府令赵高最为著名。左丞相李斯精明强干，善解秦始皇之心，秦始皇一方面欣赏他，另一方面也处处提防他。

一日秦始皇抵达梁山宫，登山俯瞰，忽然发现山下有一队人马前呼后拥的不下千余人，一个宽袍大袖的人坐在其中，奢华非常，但是羽盖遮住了他的脸。心中惊疑油然而生，便询问左右道：“这个人是谁，也有这般威风？”秦始皇左右报之实情，秦始皇道：“丞相也有如此威风的车骑吗？”这句话中的怒意显而易见，左右从旁窥透，便有人向李斯报告。

李斯知道皇帝不满自己过于张扬，便在出门时减了排场。秦始皇发觉后，怒不可遏，说：“丞相怎么会知道我对他的不满？宫里一定有内奸！”

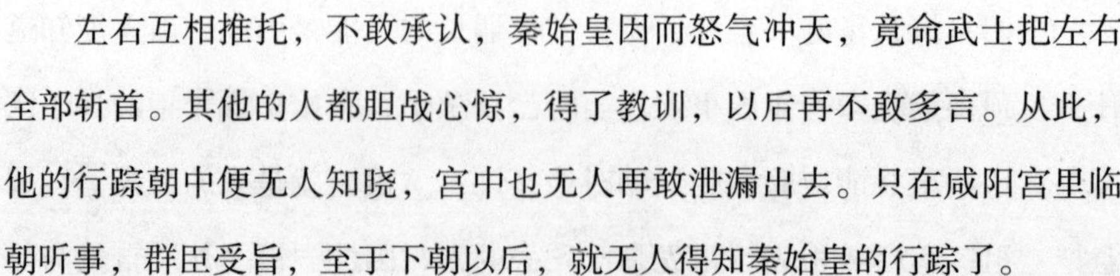

左右互相推托，不敢承认，秦始皇因而怒气冲天，竟命武士把左右全部斩首。其他的人都胆战心惊，得了教训，以后再不敢多言。从此，他的行踪朝中便无人知晓，宫中也无人再敢泄漏出去。只在咸阳宫里临朝听事，群臣受旨，至于下朝以后，就无人得知秦始皇的行踪了。

秦始皇走到云梦，在九嶷山遥祭虞舜。然后乘船沿长江而下，观览籍柯，渡过海渚，经过丹阳，到达钱塘。到浙江边上的时候，水波凶险，就向西走了一百二十里，从江面狭窄的地方渡过。登上会稽山，祭祀大禹，遥望南海。在那里刻石立碑，颂扬秦朝的功德。

秦始皇返回，途经吴地，从江乘县渡江。沿海岸北上，到达琅琊。方士徐市等人入海寻找仙药，好几年也没找到，花费钱财很多，害怕遭受责罚，就欺骗说："蓬莱仙药可以找到，但常被大鲨鱼困扰，所以无法到达，希望皇上派善于射箭的人一起去，遇到大鲨鱼就用装有机关可以连续发射的弓弩射它。"秦始皇做梦与海神交战，海神的形状好像人。请占梦的博士给圆梦，博士说："水神本来是看不到的，它用大鱼、蛟龙做侦探。现在皇上祭祀周到恭敬，却出现这种恶神，应当除掉它，然后真正的善神就可以找到了。"于是命令入海的人携带捕大鱼的工具，亲自带着有机关的弓弩去等候大鱼出来以便射它。从琅琊向北直到荣成山，都不曾遇见。到达之罘的时候，遇见了大鱼，射死了一条。接着又沿海向西进发。

秦始皇到达平原津时生了病。秦始皇讨厌说"死"这个字，群臣没有敢说死的事情。皇帝病得更厉害了，就写了一封盖上御印的信给公子扶苏说："回咸阳来参加丧事，在咸阳安葬。"

信已封好了，存放在赵高那里，没有交给使者。七月丙寅日，秦始皇在沙丘平台逝世。丞相李斯认为皇帝在外地逝世，恐怕皇子们和各地乘机制造变故，就对此事严守秘密，不发布丧事消息。棺材放置在既密闭又能通风的凉车中，让过去受秦始皇宠幸的宦官做陪乘，每走到适当的地方，就献上饭食，百官像平常一样向皇上奏事。宦官就在凉车中降诏批签。只有胡亥、赵高和五六个曾受宠幸的宦官知道皇上死了。

赵高过去曾经教胡亥写字和狱律法令等事，胡亥私下里很喜欢他。赵高与公子胡亥、丞相李斯秘密商量拆开秦始皇赐给公子扶苏的那封已封好的信，谎称李斯在沙丘接受了秦始皇遗诏，立皇子胡亥为太子。又写了一封信给公子扶苏、蒙恬，列举他们的罪状，赐命他们自杀。他们继续往前走，从井陉到达九原。正赶上是暑天，皇上的尸体在车中发出了臭味，就下令随从官员让他们往车里装一石有腥臭气的腌鱼，让人们分不清尸臭和鱼臭。

丞相李斯

丞相李斯是一个很有才干的人，可以说，他是秦朝统一大业的实际执行人。他不仅是政治家，还是一位书法家，他的小篆优美大方，著名的《泰山刻石》就是他的手笔。可是他为什么要与赵高狼狈为奸呢？

这就不得不分析一下李斯这个人的思想境界了。

李斯是楚国上蔡人。年轻的时候，曾在郡里当小吏，他看到官府附近厕所里的老鼠吃着脏东西，每逢有人或狗走近时，就受惊逃跑。后来

李斯又走进粮仓，看到粮仓中的老鼠，吃的是囤积的粮食，住在大屋子里，却不用担心人或狗惊扰。于是李斯就叹息道："一个人有出息还是没出息，就如同老鼠一样啊，就在于自己处在什么样的环境罢了！"

李斯弄明白人生的"真谛"后，就跟荀子学习帝王之术。学业完成之后，李斯估量不值得侍奉楚王，而六国国势都已衰弱，没有为它们建功立业的希望，就想西行到秦国去。

李斯到达秦国，正赶上秦庄襄王去世，他就请求充当秦相国文信侯吕不韦的舍人。吕不韦很赏识他，任命他为郎官，这样就使得李斯有游说的机会。他劝说秦王加紧扫平六国，秦王很欣赏他，任命他为长史，听从他的计谋，暗中派遣谋士带着金玉珍宝去各国游说。对各国著名人物能收买的，就多送礼物加以收买；不能收买的，就用利剑把他们杀掉。这些都是离间诸侯国君臣关系的计策，接着，秦王就派良将随后攻打。秦王任命李斯为客卿。

恰在此时韩国人郑国以修筑渠道为名，来到秦国做间谍，不久被发觉。秦国的王族和大臣们都对秦王说："从各诸侯国来奉事秦王的人，大都是为他们的国君游说，以离间秦国而已，请求大王把客卿一概驱逐。"李斯也在计划好的要驱逐的客卿之列。于是李斯上书劝谏，这就是著名的《谏逐客书》。

秦王认为他说得对，就废除了逐客令，他的官位也升到了廷尉。经过二十多年，秦国一统天下，秦王称为"皇帝"。皇帝又任命李斯为丞相。并拆平了各国郡县的城墙，销毁了各地的武器，表示不再使用。使秦国没有一寸分封的土地，也不立皇帝的儿子、兄弟为王，更不把功臣封为诸侯，以便使国家从此之后再也没有战争的祸患。

秦始皇三十四年（公元前213年），秦始皇在咸阳宫设宴招待群臣，博士仆射周青臣等人称颂秦始皇的威武盛德。齐人淳于越劝谏道："我听说殷商和周朝统治达一千多年，分封子弟及功臣作为膀臂辅翼。而现在陛下您虽统一天下，但子弟却还是平民百姓，若一旦出现了田常、六卿夺权篡位的祸患，在朝中又没有强有力的辅佐之臣，靠谁来相救呢？办事不学习古代经验而长期统治的朝代，我还没有听说过。现在周青臣等人又当面阿谀奉承以加重您的错误，不是忠臣。"秦始皇把这种议论交给李斯处理，李斯认为这种论点是荒谬的，因此废弃不用，就上书给皇帝说：

"古时候天下分散混乱，没有谁能统一，因此诸侯并起，人们说话都称引古事来否定当今，修饰虚言来混乱事实。人们都认为自己的一派学问最好，以否定皇帝的政策法令。现在陛下统一了天下，分辨了黑白是非，使海内共同尊崇皇帝一人；而诸子百家各个学派却在一起任意批评朝廷的法令制度，听说朝廷令下，立刻就以自己学派的观点来议论它，回家便心中不满，出门则在街头巷尾纷纷议论，以批评君主来博得名声，认为和朝廷不一样便是本领高，并带领下层群众来制造诽谤。这样下去而不加以禁止的话，上面君主的权力威望就要下降，下面私人的帮派也要形成。因此，还是以禁止为好。我请求把人们收藏的《诗》《书》和诸子百家的著作，都一概扫除干净。命令下达三十天之后，若还有人不服从，判处黥刑并罚做筑城苦役。不在清除之列的，是医药、占卜、种植等类书籍。若有想学习法令的，以官吏为老师。"

秦始皇批准了他的建议，没收了《诗经》《尚书》和诸子百家的著作，以便使人民愚昧无知，使天下人无法用古代之事来批评当前朝廷。修明法制，制定律令，都从秦始皇开始，并统一文字，在全国各地修建离宫别馆。第二年，秦始皇又四出巡视，平定了四方少数民族，这些措

施，李斯都出了不少力。

李斯的长子李由担任三川郡守，儿子们娶的是秦国的公主，女儿们嫁的都是秦国的皇族子弟。三川郡守李由请假回咸阳时，李斯在家中设下酒宴，文武百官都前去给李斯敬酒祝贺。门前的车马数以千计。李斯一家的荣耀可谓到了极点。然而事物发展到极点就要开始衰落，李斯有时也不免担心，还不知道归宿在何方。

秦始皇三十七年（公元前210年）秋，秦始皇病死于沙丘。胡亥同意了赵高的话以后，赵高说："不和丞相商议，恐怕事情还不能成功，我希望能替你与丞相商议。"赵高就对丞相李斯说道："秦始皇去世，赐给长子扶苏诏书，命他到咸阳参加丧礼，并立为继承人。诏书未送，皇帝去世，还没人知道此事。皇帝赐给长子的诏书和符玺都在胡亥手里，立谁为太子只在于你我的一句话而已。你看这事该怎么办？"

李斯说："你怎么能说出这种亡国的话呢！这不是做为人臣所应当议论的事！"赵高说："您自己估计一下，和蒙恬相比，谁有本事？谁的功劳更高？谁更谋略深远而不失误？天下百姓更拥戴谁？与长子扶苏的关系谁更好？"

李斯说："在这五个方面我都不如蒙恬，但您为什么这样苛求于我呢？"赵高说："我本来就是一个宦官的奴仆，有幸能凭熟悉狱法文书进入秦宫，管事二十多年，还未曾见过被秦王罢免的丞相功臣有封爵而又传给下一代的，结果都是以被杀告终。皇帝有二十多个儿子，这些都是您所知道的。长子扶苏刚毅而且勇武，信任人而又善于激励士人，即位之后一定要用蒙恬担任丞相，很显然，您最终也是不能怀揣通侯之印退职还乡了。我受皇帝之命教育胡亥，让他学法律已经有好几年了，还没见过他有什么错误。他慈悲仁爱，诚实厚道，轻视钱财，尊重士人，心里聪明但不善言辞，竭尽礼节尊重贤士，在秦始皇的儿子中，没人能赶得上他，可以立为继承人。您考虑一下再决定。”李斯说：“您还是该干什么就干什么去吧！我李斯只执行皇帝的遗诏，自己的命运听从上天的安排，有什么可考虑决定的呢？”

赵高说：“看来平安却可能是危险的，危险又可能是平安的。在安危面前不早做决定，又怎么能算是圣明的人呢？”李斯说：“我李斯本是上蔡街巷里的平民百姓，承蒙皇帝提拔，让我担任丞相，封为通侯，子孙都得到尊贵的地位和优厚的待遇，所以皇帝才把国家安危存亡的重任交给了我，我又怎么能辜负了他的重托呢？忠臣不因怕死而苟且从事，孝子不因过分操劳而损害健康，做臣子的各守各的职分而已。请您不要再说了，不要让我李斯也跟着犯罪。”赵高说：“我听说圣人并不循规蹈矩，而是适应变化，顺从潮流，看到苗头就能预知根本，看到动向就能预知归宿。而事物本来就是如此，哪里有什么一成不变的道理呢！现如今天下的权力和命运都掌握在胡亥手里，我赵高能猜出他的心志。更何况从外部来制服内部就是逆乱，从下面来制服上面就是反叛。所以秋霜一降花草随之凋落，冰消雪化就万物更生，这是自然界必然的结果。您怎么连这些都没看到呢？”李斯说：“我听说晋代换太子，三代不安宁；齐桓公兄弟争夺王位，哥哥被杀死；商纣杀死亲戚，又不听从臣下劝谏，都城夷为废墟，随着危及社稷；这三件事都违背天意，所以才落得宗庙没人祭祀。我李斯还是人啊，怎么能参与这些阴谋呢！”赵高说：“上下齐心协力，事业可以长久；内外配合如一，就不会有什么差错。您听从我的计策，就会长保封侯，并永世相传，一定有仙人王子乔、赤松子那样的长寿，孔子、墨子那样的智慧。现在放弃这个机会而不听从我的意见，一定会祸及子孙，足以令人心寒。善于为人处世，

相机而动的人是能够转祸为福的，您想怎么办呢？”

李斯仰天长叹，挥泪叹息道：“哎呀！偏偏遭逢乱世，既然已经不能以死尽忠了，将向何处寄托我的命运呢！”于是李斯就依从了赵高。赵高便回报胡亥说：“我是奉太子您的命令去通知丞相李斯的，他怎么敢不服从命令呢！”

于是他们就一同商议，伪造了秦始皇给丞相的诏书，立胡亥为太子。又伪造了一份赐给长子扶苏的诏书说：“我巡视天下，祈祷祭祀各地名山的神灵以求长寿。现在扶苏和将军蒙恬带领几十万军队驻守边疆，已经十几年了，不能向前进军，而士兵伤亡很多，没有立下半点功劳，反而多次上书直言诽谤我的所作所为，因不能解职回京当太子，日夜怨恨不满。扶苏做为人子而不孝顺，赐剑自杀！将军蒙恬和扶苏一同在外，不纠正他的错误，也应知道他的谋划。做为人臣而不尽忠，一同赐命自杀，把军队交给副将王离。”赵高用皇帝的玉玺把诏书封好，让胡亥的门客捧着诏书到上郡交给扶苏。

使者来到上郡，扶苏打开诏书一看，就哭泣着走进内室要自杀。蒙恬阻止扶苏说：“皇上在外，没有立下太子，派我带领三十万大军守卫边疆，公子担任监军，这是天下的重任啊。现在只有一个使者来，您就立刻自杀，怎能知道其中没有虚假呢？希望您再请示一下，有了回答之后再死也不晚。”使者连连催促。扶苏为人仁爱，对蒙恬说：“父亲命儿子去死，还要请示什么！”立刻自杀而死。蒙恬不肯自杀，使者立刻把他交付法吏，关押在阳周。

使者回来汇报，胡亥、李斯、赵高都非常高兴。到咸阳后发布丧事，太子胡亥立为秦二世皇帝。赵高被任命为郎中令，常在宫中服侍皇帝，掌握大权。

临死悲鸣

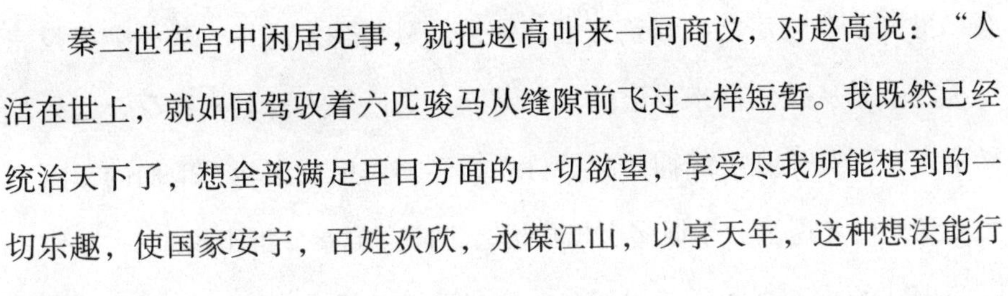

秦二世在宫中闲居无事，就把赵高叫来一同商议，对赵高说：“人活在世上，就如同驾驭着六匹骏马从缝隙前飞过一样短暂。我既然已经统治天下了，想全部满足耳目方面的一切欲望，享受尽我所能想到的一切乐趣，使国家安宁，百姓欢欣，永葆江山，以享天年，这种想法能行得通吗？”

赵高说：“这对贤明君主来说是能够做到的，而对昏乱君主来说是应禁忌的。我冒昧地说一句不怕杀头的话，请您稍加注意一点。对于沙丘的密谋策划，各位公子和大臣都有怀疑，而这些公子都是您的兄长，这些大臣都是先帝所安置。现在陛下您刚刚登皇位，这些人都心中怨恨不服，唯怕他们要闹事。更何况蒙恬虽已死去，蒙毅还在外面带兵，我之所以提心吊胆，只是害怕会有不好的结果。陛下您又怎么能为此而行乐呢？”

秦二世说：“这可怎么办呢？”

赵高说：“实行严刑峻法，把犯法的和受牵连的人统统杀死，直至灭族，杀死当朝大臣而疏远您的骨肉兄弟，让原来贫穷的人富有起来，让原来卑贱的人高贵起来。全部铲除先帝的旧臣，重新任命您信任的人并让他们在您的身边。这样就使他们从心底对您感恩戴德，根除了祸害而杜绝了奸谋，群臣上下没有人不得到您的恩泽，承受您的厚德，陛下您就可以高枕无忧，纵情享受了。没有比这更好的主意了。”

秦二世认为赵高说得对，就重新修订法律。于是群臣和公子们有罪，就交付赵高，命他审讯法办。大臣蒙毅等人被杀后，十个公子在咸阳街头被斩首示众，十二个公主也在杜县被处死，财物没收归皇帝所有，连坐者不计其数。

法令刑罚一天比一天严酷，群臣上下人人自危，想反叛的人很多。秦二世又建造阿房宫，修筑直道、驰道，赋税越来越重，兵役劳役没完没了。于是从楚地征来戍边的士卒陈胜、吴广等人就起来造反，起兵于崤山以东。英雄豪杰蜂拥而起，自立为侯王，反叛秦朝，他们的军队一直攻到鸿门才退去。李斯多次想找机会进谏，但秦二世不理。

李斯的儿子李由任三川郡守，群起造反的吴广等人向西攻占地盘，任意往来，李由不能阻止。章邯在击败并驱逐了吴广等人的军队之后，派到三川去调查的使者一个接着一个，并责备李斯身居三公之位，为何让盗贼猖狂到这种地步。李斯很是害怕，又把爵位俸禄看得很重，不知如何是好，就上书秦二世，曲意奉承，鼓励他实行严刑峻法，想求得宽容。

秦二世看了他的上书，非常高兴。于是督责百官更加严厉，百姓更加困苦。

起初，赵高在担任郎中令时，杀死的人和为了报私仇而陷害的人非常多，唯恐大臣们在入朝奏事时向秦二世揭露他，就劝秦二世在宫中享乐，把公务交由自己处理。秦二世欣然同意。

赵高听说李斯对此有不满的言论，就找到李斯说：“函谷关以东地区盗贼很多，而现在皇上却加紧遣发劳役修建阿房宫，搜集狗马等没用的玩物。我想劝谏，但我的地位卑贱。可实在是您丞相的事，为什么不劝谏呢？”

李斯说：“确实这样，我早就想说话了。可是现在皇帝不临朝听政，常居深宫之中，我虽然有话想说，又不便让别人传达，想见皇帝却又没有机会。”

赵高对他说：“您若真能劝谏的话，请允许我替你打听，只要皇上一有空闲，我立刻通知你。”

于是赵高趁秦二世闲居娱乐，美女在前的时候，派人告诉丞相说：“皇上正有空闲，可以进宫奏事。”丞相李斯就到宫门求见，接连三次都是这样。秦二世非常生气地说：“我平时空闲的日子很多，丞相都不来。每当我在寝室休息的时候，丞相就来请示奏事。丞相是瞧不起我呢？还是以为我鄙陋？”

赵高又乘机说：“您这样说话可太危险了！沙丘的密谋，丞相是参与了的。现在陛下您已即位皇帝，而丞相的地位却没有提高，显然他的意思是想割地封王呀！如果皇帝您不问我，我不敢说。丞相的大儿子李由担任三川郡守，楚地强盗陈胜等人都是丞相故乡邻县的人，因此他们才敢公开横行，经过三川时，李由只是守城而不出击。我曾听说他们之间有书信来往，但还没有调查清楚，所以没敢向陛下报告。更何况丞相在外，权力比陛下还大。”

秦二世认为赵高的话没错，想法办丞相，但又担心情况不实，就派人去调查三川郡守与盗贼勾结的具体情况。

李斯知道了这个消息，就上书揭发赵高，希望秦二世远离他。秦二世就把这些话告诉了赵高。赵高说：“丞相所忧虑的只有我赵高，我死之后，丞相就可以干日常所干的那些事了。”于是秦二世说：“就把李

斯交给你这郎中令查办吧！”

赵高将李斯逮捕下狱，查问李斯和儿子李由谋反的情状，他的宾客和家族也无人幸免。赵高惩治李斯，拷打他一千多下，李斯不能忍受痛苦的折磨，冤屈地招供了。李斯之所以不自杀而死，是他自负能言善辩，又对秦国有大功，确实没有反叛之心，于是上书为自己辩护，希望秦二世能觉悟过来并赦免他。奏书呈上之后，赵高让狱吏丢在一边而不上报，说：“囚犯怎能上书！”

赵高派他的门客十多人假扮成御史、谒者、侍中，轮流往复审问李斯。李斯改为以实对答时，赵高就让人再拷打他。后来秦二世派人去验证李斯的口供，李斯以为还和以前一样，终不敢再改口供，在供词上承认了自己的罪状。赵高把判决书呈给皇帝，秦二世很高兴地说：“没有赵君，我几乎被丞相出卖了。”等秦二世派的使者到达三川调查李由时，项梁已经将他杀死。使者返回时，正当李斯已被交付狱吏看押，赵高就编造了一整套李由谋反的罪状。

秦二世二年（公元前208年）七月，李斯被判处五刑，判在咸阳街市上腰斩。李斯出狱时，跟他的次子一同被押解，他回头对次子说：“我想和你再牵着黄狗一同出上蔡东门去打猎追逐狡兔，又怎能办得到呢！”于是父子二人相对痛哭，三族的人都被处死了。

李斯死后，秦二世任命赵高任中丞相，无论大事小事都由赵高决定。

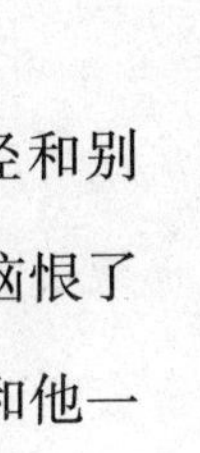

大泽乡起义

陈胜，是阳城人，字涉。吴广，是阳夏人，字叔。陈胜曾经和别人一起被雇用耕田，一次当他停止耕作走到田埂上休息时，感慨恼恨了好一会儿，说："假如谁将来富贵了，大家相互不要忘记了。"和他一起受雇佣的伙伴们笑着回答说："你是被雇给人家耕田的，哪能富贵呢？"陈胜叹息着说："唉！燕雀安知鸿鹄之志哉！"

秦二世元年（公元前209年）七月，官府征调居住在里巷左边的贫民去防守渔阳，一共有九百人驻扎在大泽乡。陈胜、吴广都编入这次征发的行列之中，当了屯长。恰遇天下大雨，道路不通，他们估计已经误了到达渔阳规定的期限。过了规定的期限，按照法律规定是都该杀头的。

陈胜、吴广就商量说："如今逃走也是死，起义干一番大事业也是死，同样都是死，为国事而死好不好？"陈胜说："天下受秦王朝统治之苦已经很久了。我听说秦二世皇帝是秦始皇的小儿子，不应该他来继位，应该继位的是公子扶苏。扶苏因为屡次规劝皇上的缘故，皇上派他领兵在外地驻守。如今有人听说他并没有什么罪，却被秦二世皇帝杀害了。老百姓都听说他很贤德，不知道他已经死了。项燕原是楚国的将军，多次立功，爱护士兵，楚国人都很爱戴他。有的人以为他已经死

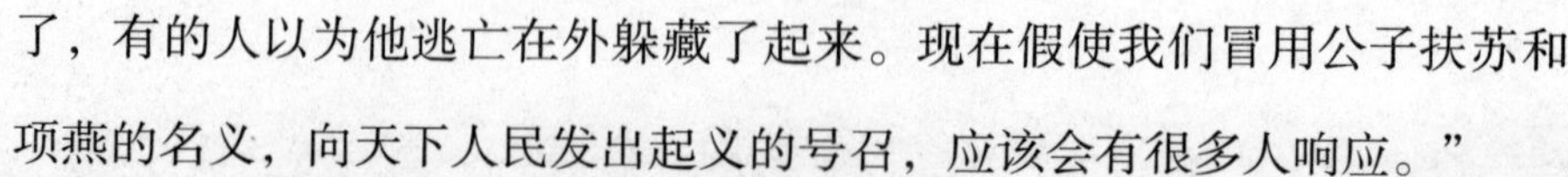

了，有的人以为他逃亡在外躲藏了起来。现在假使我们冒用公子扶苏和项燕的名义，向天下人民发出起义的号召，应该会有很多人响应。”

吴广认为很对。于是他们就去占卜吉凶，占卜的人知道他们的意图，说道：“你们的事都能成，能够建功立业。然而你们向鬼神问过吉凶了吗？”陈胜、吴广很高兴，揣摩占卜人所说向鬼神问吉凶的意思，说：“这是教我们先在众人中树立威望。”于是就用朱砂在一块白绸子上写了“陈胜王”三个字，塞进别人用网捕来的鱼肚子里。

戍卒买鱼回来煮着吃，发现了鱼肚中的帛书，对这事自然觉得很奇怪了。陈胜又暗中派吴广到驻地附近一草木丛生的古庙里，在夜里燃起篝火，模仿狐狸的声音叫喊道：“大楚兴，陈胜王。”戍卒们在深更半夜听到这种鸣叫声，都惊恐起来。

第二天早晨，戍卒中到处议论纷纷，都指指点点地看着陈胜。

吴广一向体贴人，戍卒中很多人乐意听他使唤。押送戍卒的将尉喝醉了，吴广故意多次扬言要逃跑，以激怒将尉，让他当众侮辱自己，借以激怒众人。

将尉果然鞭打了吴广。当将尉拔剑之际，吴广奋起，夺剑杀死将尉。陈胜也前来协助，合力杀死两个将尉。

随后，他们召集并号召下属说：“你们遇雨，都误了期限，误期应当杀头。假如不杀，戍边而死的人本来就十之六七，况且壮士不死则已，要死就要举世留下大名声。王侯将相哪有天生的啊！”

下属都说：“我们恭敬地接受您的命令。”

于是，他们便冒称公子扶苏、项燕举行起义，顺从民意。戍卒们都裸露右臂，号称大楚。他们修筑高坛盟誓，祭品用将尉的头。陈胜自立为将军，吴广为都尉。

起义军攻下大泽乡，招兵扩军进攻蕲县，蕲县攻下后，就派符离人葛婴带兵攻略蕲县以东地区。他们进攻铚、酂、苦、柘、谯等县，全部攻下。行进中不断招兵扩军。等到达陈县时，已有战车六七百辆，骑兵千余人，步兵数万人。

攻打陈县时，郡守、县令都不在，只留下守丞在谯门中抵抗，不胜，守丞战死，便入城占领陈县。过了几天，陈胜下令召来乡官三老、地方豪绅都来集会议事。三老、乡绅们都说："将军您身披铠甲、手执锐利武器，讨伐无道，铲除暴秦，重建楚国，论功应该称王啊。"于是陈胜就自立为王，号称张楚。

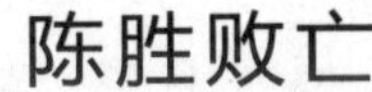

陈胜败亡

在这时，各郡县苦于秦暴政的，都惩处其官吏，杀死他们以响应陈胜。陈胜任命吴广为代理王，督率各将领向西进攻荥阳。命令陈县人武臣、张耳、陈餘攻略赵地，命令汝阴人邓宗攻略九江郡。

当此时，楚地义军数千人聚集一起的，数不胜数。

葛婴到达东城，立襄强为楚王。葛婴后来听到陈胜已立为王，就杀死襄强，返回汇报。一到陈县，陈王便诛杀葛婴。陈王命令魏国人周市向北攻略魏地。吴广包围荥阳。李由任三川郡守，守荥阳，吴广不能攻下。陈王征召国内豪杰名人商讨对策，封上蔡人房君、蔡赐为上柱国。

周文是陈县的贤人，曾任项燕军中占卜望日官，也曾事奉春申君，自称熟习战事，陈王授给他将军印，命他率军西向攻秦。周文沿途招募兵马直至函谷关，时有战车千乘，士兵几十万，到达戏亭，驻扎下来。

秦二世命令少府章邯赦免骊山服役的刑徒、奴婢之子，全都退发以攻击楚大军。周文兵败，退走出函谷关，止军屯驻曹阳两三个月。

章邯带兵追击打败了周文，他们又退走驻屯渑池十多天。章邯进击，大败他们，周文自杀，军队也就不能战斗了。

武臣到邯郸，自立为赵王，陈餘任为大将军，张耳、召骚为左右丞相。陈王恼怒，捕捉关押了武臣等人家眷，打算杀掉他们。

上柱国蔡赐建议说："秦朝未灭而杀赵王将相家属，这等于又增加了一个敌手，不如就势封立他。"陈王就遣使者至赵祝贺，然后转移软禁武臣等人的家属到宫中，同时封张耳之子张敖为成都君，催促赵兵疾速进军函谷关。

赵王的将相们商议说："大王称王于赵，不是楚国本意。楚灭秦后，必然兵加于赵。我们莫如不向西进军，而是向北略燕地以自我扩充土地。赵国南面扼守黄河，北面有燕、代广大地区，楚国虽然胜秦，也不敢制服赵国。如果楚国不能胜秦，必定会重视赵国。赵国乘秦之衰，可以得志于天下。"

赵王认为对，因而不向西出兵，而派原上谷郡卒史韩广率军北上攻取燕地。

旧燕国的豪门贵族劝韩广自立为燕王。

韩广说："我的母亲住在赵国，使不得呀！"

燕人说："赵国正西边担心秦，南面担心楚，他的力量不能限制我们。况且，凭楚国那样强大，尚不敢加害赵王将相的家属，赵国单独岂敢加害将军的家属！”

韩广认为说得对，于是自立为燕王。

很快，赵国果真护送燕王的母亲和家属回到燕国。

正在这时，各地将领攻城略地的，数不胜数。周市向北进军到狄县，狄县人田儋杀死狄县县令，自立为齐王，在齐地起兵，进攻周市。周市军溃散，回到魏地，打算立原魏王后裔宁陵君咎为魏王。当时咎正在陈王那里，不能到魏地。魏地平定后，人们想拥立周市为魏王，周市不肯。使者先后五次往返于陈王与魏之间，陈王才答应立宁陵君咎为魏王，并遣送他回魏国。周市最后做了丞相。

将军田臧等共同策划说：“代理王吴广骄横，不懂兵家权谋，无法和他共事，如果不杀了他，大事恐怕败坏。”这样，他们一道假借陈王命令而诛杀吴广，把吴王的头献给陈王。

陈王赐给田臧楚国令尹的大印，任命他为上将军。

田臧就派部将李归等驻守在荥阳城外，自己带领精兵西进，迎击秦军于敖仓。双方交战，田臧战死，军队溃散。章邯进军攻击李归等于荥阳城下，击溃了他们，李归等人战死。

阳城人邓说率军驻扎在郯县，被章邯的另一支部队击败，邓说率军溃逃到陈县。陈王把邓说杀了。

陈胜初立王时，陵县人秦嘉、铚县人董谍、符离人朱鸡石、取虑城人郑布、徐县人丁疾等都独立起兵，率军队围东海郡守庆于郯县。陈王听说了，就委派武平君畔为将军，督率郯城下的各路军队。

秦嘉拒不受命，自立为大司马，不愿隶属于武平君，便假传陈王命令杀了武平君畔。

章邯已击溃伍徐，进攻陈县，上柱国房君、蔡赐战死。章邯又进兵

攻击陈县西的张贺军。

陈胜亲自上阵督战，军队被击溃，张贺战死。

十二月，陈王到汝阴，转至下城父，他的车夫庄贾杀害了他以后，投降秦军。陈胜葬在砀县，谥号为“隐王”。

陈胜旧时侍臣吕臣后来当了将军，建立了一支青巾裹头的“苍头军”，起兵新阳，攻克了陈县，杀死了庄贾，又以陈县为楚都。

当初陈王初到陈县时，曾命令铚县人宋留率军平定南阳，进入武关。宋留攻占南阳后，听到陈王死讯，南阳又被秦军攻占。宋留不能入武关，就往东到新蔡，又遇上秦军，宋留带领部队降秦。秦军押解宋留到咸阳，车裂示众。

秦嘉等听说陈王军队兵败逃走了，就立景驹为楚王，率军到了方与，准备在定陶城外袭击秦军，并派公孙庆到齐王那里，想联合一道进兵。齐王田儋说：“听说陈王战败，至今生死不明，楚国怎么能不请示我就立王呢？”

公孙庆说：“齐国不请示楚国而立王，楚国为什么要请示齐国才能立王呢？况且，楚国首先起事，理当号令天下。”

田儋大怒，诛杀了公孙庆。

秦左右校尉率军再次进攻陈县，城攻下来了。吕臣军败，招兵再聚集，在鄱阳为盗的当阳君黥布的兵马被招收进来，又进击秦军左右校尉，击破他们，再度以陈县为楚都。

此时项梁立楚怀王的孙子心为楚王。

陈胜称王共六个月。称王后，以陈县为王都，曾与他一道被雇佣耕田的旧友听到此事，就赶来陈县，敲着宫门说：“我要见陈胜。”宫门长官要把他捆起来，经他一再解说，才给予宽赦，仍不给他通报。

等陈王出门时，他拦路高喊陈胜的名字。

陈胜听到喊声，就召见了他，和他同车回宫。

进了王宫，看到了殿堂房屋、帷幕帐帘，客人说："真多啊！陈胜做了王，宫殿真深邃啊！"

这位客人进进出出越发放肆，任意谈论陈王的往事。有人劝陈王说："你这个客人愚昧无知，专门胡言乱语，有损您的威严。"陈王便杀了那位客人。于是，所有陈王的老熟人都自动离去，从此便没有亲近陈王的人了。

陈王任用朱房做主持官吏任免升降的中正官，任用胡武为司过官，专门督察群臣过失。将领们攻占城邑，回到陈县复命时，办事不合朱房、胡武心意的人，就抓起来治罪，以苛刻、严察作为对陈王忠诚的表现。凡是跟这两人关系不好的，不交有关官吏处理，他俩就亲自任意惩治。陈王信任他们，诸将以此缘故不亲附陈王。

这都是陈王失败的原因。

陈王虽然死了，但他所封立、所派遣的王侯将相仍活跃在各地并迅速发展。秦朝的灭亡，是由陈胜首先发难促成的。后来刘邦称帝后，为陈胜安置守坟的有三十家，一直按时宰牲畜祭祀他。

第二章

少年项羽

项梁回到家里，把门关起来，对项羽说："籍儿，我们项氏世世代代都是楚国的大将。你的爷爷也是被秦国杀害的。现在全国各地的老百姓都起兵反秦了，这正是我们替你爷爷报仇、恢复楚国的大好时机。今天，郡守找我去商量起兵的事情了。他说要我和桓楚作为大将军，带领士兵攻打秦国的军队。但是他是秦国的官员，他不会真心反秦的。他现在要反秦不过是担心老百姓起义会先杀了他。"

将军世家

公元前230年，为了统一天下，秦王嬴政对东方六国发动了战争。一时间，群雄并起，天下大乱！剽悍的秦兵一路攻城略地，先后灭了韩、赵、魏、楚四国。短短的几年，曾经的东方六国只剩下了燕和齐两个国家。这时，秦王嬴政在咸阳（今陕西省咸阳市）的阿房宫中面对东方，暗暗谋划着。他接下来的进攻目标就是楚国。

楚国地处长江中下游的平原地区，那里风景秀丽，物产丰富，嬴政早已对它垂涎三尺了！但是，尽管如此，嬴政也不敢轻举妄动！因为他早已听说楚国的项家军是一支百战百胜的军队。楚国的将士们在大将军项燕的带领下，攻无不克，战无不胜！

想到这些，嬴政显得心神不宁起来："谁才能带领军队战胜项燕呢？"

第二天，嬴政召集了秦国最勇敢的将军。秦王问他们，说："我要攻打楚国，消灭项家军，你们谁敢带兵出战？"

李信和王翦几乎异口同声地回答道："禀告陛下，我愿意带兵出战项家军。"

听到李信和王翦自信的回答，嬴政心里暗暗高兴。他想，项燕的末日就要到了，我属下最骁勇善战的两名将军都想取你的人头呢！

秦王按捺住内心的兴奋，不动声色地问李信："李将军，你打下楚国的都城需要多少兵力？"

"禀告陛下，我最多要二十万兵力就能打败楚国。"李信自信地回答道。

"王将军呢？你需要多少兵力？"嬴政又问王翦。

王翦看了看李信，低头对秦王说："禀告陛下，楚国的项家军是一支威武之师，他们的统帅项燕又是一名足智多谋、百战百胜的常胜将军。所以，要想打败项家军，攻破楚国的都城，最少也需要六十万兵力！"

嬴政听到王翦的回答，有些不开心地说："王将军，你老咯！我看李将军就比你勇敢得多，我相信李将军一定能用二十万兵力打败楚国的项家军！"受到了秦王的称赞，李信更加有信心了。他对嬴政说："陛下，请您拨给我二十万将士，我一定能把项家军打得落花流水！"嬴政应允了他的要求，立即调拨了二十万兵力交由李信指挥，并让蒙恬作为他的副将。王翦看到秦王和李信盲目自信，心里很不以为然。但是，他又不敢说出来，只好托病在家休养了！

公元前225年，李信带领二十万精兵向着楚国的方向浩浩荡荡地出发了。蒙恬向李信建议说："李将军，末将以为项燕带领的项家军骁勇善战、锐不可当，我们不能掉以轻心啊！"李信自恃重兵在握，并不把副将蒙恬放在眼里。他看了看蒙恬，很不高兴地说："区区项燕，何必把他放在眼里！"

蒙恬又建议说："将军，我们集二十万兵力，先打平舆（今河南省平舆县北），再攻寝丘（今安徽省临泉县）吧。"

李信对蒙恬的话已经很厌烦了，他在心里想："怎么才能把蒙恬调开呢？"

为了调开蒙恬，表现自己用兵如神的能力，李信暗暗做了一个大胆的决定。他对蒙恬说："蒙将军，我们兵分两路，你我各带十万人马，我打平舆，你攻寝丘。胜利以后，你带兵往城父集结。我再攻破鄢郢，就带兵与你合为一处，围攻楚国的都城——城父（今安徽省亳州市谯城区）。"

蒙恬知道军令如山，所以他什么都没有说，只是在心里叹息了一下。于是，李信和蒙恬就兵分两路，分别向着平舆和寝丘进发了。

这时，在楚国的下相，项燕正在操练军队。练兵场的不远处，一个妇人领着一个七八岁的小男孩在观看士兵们整齐的动作。小男孩长得虎头虎脑的，看上去十分结实。他仰头对妇人说："妈妈，我长大了也要像爷爷一样当大将军。"

妇人欣慰地说："籍儿有志气，我们项家世代都是楚国的大将军。籍儿只要努力学习，也一定能当上大将军。"

这个小男孩就是项羽！

军操结束了，身材魁梧的项燕大步向项羽母子走来。项羽看见爷爷走过来了，就跑着迎了上去。他对项燕说："爷爷，您真威风，我长大了也要当大将军！"

听到项羽说长大了也要当大将军，项燕哈哈大笑起来。他抱起项羽，说："好孩子！我们项家世世代代都是楚国的大将军。你长大了也要当楚国的大将军，带领士兵们去攻打秦国。秦王嬴政已经灭了东方四国，现在只剩下咱们燕国和齐国了。我想，不久秦国的军队就会来侵犯咱们楚国了。"

“秦国的军队敢侵犯咱们楚国，爷爷就带兵把他们消灭掉！”项羽抓着爷爷的胡子说。

项燕刚要带着项羽回家，一匹军马就向着他们疾驰过来。马上的士兵风尘仆仆，很明显是连续赶了很多天的路。马一停住，他就跳了下来，仆在项燕面前，说：“禀告大将军，秦将李信和蒙恬各带十万人马分别进犯平舆和寝丘，两城朝不保夕，十分危急！”

项燕放下项羽，把面前的士兵扶起来，说：“平舆和寝丘保不住了，鄢郢也就保不住了。他们一定会在打下平舆和寝丘以后，进犯鄢郢的。”

项燕低头想了想，然后对士兵说：“马上召集人马，每人准备三天三夜的干粮，向城父集结。李信和蒙恬一定会在攻下鄢郢以后，在城父会合。我们要在城父把秦兵全部消灭！”

项羽抱着爷爷的腿说：“爷爷，我也要去和秦兵打仗，把他们都消灭掉。”

项燕摸了摸项羽的额头，看着他的眼睛说：“籍儿，你还小，等你长大了再带兵和他们打仗吧！”

项羽点了点头说：“爷爷，我长大一定带兵消灭秦国！”

李信的自信也不是毫无理由的，他果然很快就攻破了平舆、鄢郢两座城市。攻破了这两座城市后，李信就更加轻视项家军了。于是，他驱使士兵们赶到了城父，与蒙恬的军队会合了。看着城下的秦兵，楚国国君负刍十分焦急。他一遍一遍地问：“项将军来了吗？项将军怎么还没有到？”

项燕带着士兵们马不停蹄地赶了三天三夜。就在秦兵要攻城的时候，他们赶到了。项燕身先士卒地冲进了秦兵的队伍当中。项家军们看

到将军如此勇猛，他们也不顾生死地和秦兵们厮杀起来。

项家军在项燕的训练下，一个个都十分善战。秦兵渐渐抵挡不住了，李信这时才想起王翦的话，要打败项家军非得六十万军马不可。但是，这个时候已经晚了，项家军在项燕的带领下，冲锋陷阵，很快就把二十万秦兵杀了大半。

蒙恬高声对李信说："李将军，我们抵挡不住了，我掩护你，你带领士兵们冲出去吧！"

"哪有将军临阵脱逃的啊！"李信说。

蒙恬立刻回答道："再不冲出去，就晚了。项家军太勇敢了，我们打不赢他们的。"

"我来掩护，你带士兵们冲出去，能冲出去多少就冲出去多少吧！"李信绝望地说。

蒙恬知道争不过李信，就答应了他的要求。于是，蒙恬带领几千士兵骑着马杀出阵来，往着秦国的方向疾驰而去。

不久，项燕带领着项家军把剩下的秦兵都消灭了。他们把李信包围了起来。李信看着身边的尸山血海，绝望地拔出宝剑，架在自己的脖子上，对着项燕说："项燕，我小看了你们项家军。"说完，他就自杀了。

楚王站在城墙上，看到了一切。他对着项燕高喊："项将军，你是寡人的福将！你是一名攻无不克、战无不胜的常胜将军！"

项家军们听到楚王称赞自己的将军，也都高兴地喊了起来："项将军攻无不克，战无不胜！"

下相城里，项羽和伙伴们开心地做着游戏。妈妈走过来说："籍儿，爷爷去打仗了，你不为他担心吗？"

项羽抬头看着妈妈，自信地说："妈妈别担心，爷爷一定会打胜仗的。我们项家军是常胜之师呢！"

说着，他们就看到一匹军马远远疾驰过来了。马上的士兵翻身下马，在项羽和妈妈面前立正，报告说："项将军带领将士们打了胜仗，李信兵败自杀了。"

项羽拉着妈妈的手说："妈妈，我说得没错吧？爷爷一定会打胜仗的。我长大了，要像爷爷一样做常胜将军！"

蒙恬逃回秦国以后就向秦王报告说："项燕果然十分了得，我们二十万大军只剩下几千人了。李将军也在城父之战中兵败自杀了。"

听了蒙恬的报告，秦王嬴政十分后悔。他后悔当初不该不听王翦的建议，还说王翦老了。现在李信兵败自杀，又损失了二十万军队。往后，还有谁敢带兵攻打楚国呢？想到这些，嬴政的心沉重起来，他挥了挥手，让蒙恬退下去了。

三天以后，嬴政亲自来到王翦的家里。他诚恳地向王翦说："王将军，我真后悔当初没有听你的建议啊！李信带领的二十万军队几乎全军覆没，他侮辱了我们秦军啊！现在，楚国的项家军在项燕的带领下往西而来，马上就要进入我们秦国了。请王将军不计前嫌，带兵出战吧！"

王翦说："禀告陛下，我老了，现在又生着病，恐怕真的不能带兵出战了！"

听到王翦的回答，嬴政担心起来。他再次恳求王翦说："王将军，现在除了你就没有人敢带兵迎战项家军了啊！你不能眼看着秦国一统天下的霸业毁于一旦啊！"

王翦看出了嬴政的真诚，就说："如果一定要我迎战项家军，那么陛下一定要调拨给我六十万人马。要想打败项家军一定要六十万人马啊！”

嬴政见到王翦已经答应迎战项燕，就十分爽快地答应了他。他说：“只要王将军打败项燕，一切听你的安排。”

学习兵法

公元前224年，王翦率领六十万人马向楚国进发。秦王嬴政亲自送他们到灞上（今陕西省西安市东南）。在灞上，王翦向嬴政要求了很多良田美宅作为打胜仗的奖赏。秦王大笑着说：“王将军打了胜仗，还愁没有良田美宅吗？”

王翦回答说：“大王，我为秦国出生入死，没有得到高官厚爵。现在，我只要良田美宅作为子孙的基业。”

秦王大笑着答应了王翦的要求。

王翦带领着军队已经走出秦国国境的时候，他又派使者回到秦国向秦王要求把封赏加了五倍。他身边的将士问他：“王将军，您要的封赏是不是太多了些？”

王翦回答道：“大王是个疑心很重的人，虽然他现在把全国所有的士兵都调拨给我了，但是他有可能怀疑我打了胜仗以后会造反的。现在我要了很多良田美宅作为子孙的基业，正是要告诉秦王，我不会造反，我会带领士兵回到秦国来的。”

将士们听了王翦的解释，都很佩服他，说他最了解秦王。

楚王负刍听说秦国又派王翦率领六十万军队来犯，就十分着急。他马上召见了项燕。他问项燕：“项将军，秦国六十万军队来犯，我们应该如何应对呢？”

项燕回答说：“大王，现在秦国倾全国的兵力来进犯我们，后方必定空虚。我们只要兵分两路，一路坚守不战，拖住王翦；一路直奔秦国，进攻秦国国都，秦国就灭亡了！”

楚王显得很犹豫，他说：“我们兵力太少，如果兵分两路，我们的都城被王翦攻破了，那寡人怎么办呢？”

项燕见楚王不肯采用自己的建议，就沉默了。

楚王担心秦兵攻破都城，自己的安全受到威胁，就下令，集结全国的军队迎战王翦。项燕听到这个消息，十分着急。他想，楚国的兵力太少了，怎么迎战王翦的六十万大军呢？这次楚国要灭亡了。

王翦率领六十万大军来到楚国的都城城父。他们在城父不远处安营扎寨，驻扎下来。哨兵向楚王报告了这一消息。楚王担心秦兵会随时发动进攻，与其坐以待毙，不如先发制人。于是，楚王命令军队迅速集结，主动向秦兵发动进攻。

项燕没有办法，只好带着士兵们向王翦挑战。可是王翦躲在军营里，就是不出来应战。他还命令秦兵，无论楚军如何挑战，都要坚守不出。

楚军见到王翦不敢迎战，就以为秦兵害怕了。楚王在城墙上看到也非常高兴，他很欣赏自己的英明决定——没有采纳项燕的建议，兵分两路，进攻秦国。

第二天，楚王又下令挑战秦兵。结果，王翦依然坚守不出。楚军有

些骄傲了，他们高兴地唱起歌来。楚王站在城墙上，看着这一切更加得意了。这个时候，只有项燕一个人忧心忡忡的，他看出了王翦的阴谋！

回到军营，项燕派一个士兵给下相的家里送一封信。士兵骑着马向下相奔去。

第三天，楚王又下令向秦兵发动进攻，王翦依旧坚守不出，楚军更加得意了，他们开始往回走去。

王翦站在瞭望塔上看见秦兵一个个都摩拳擦掌、跃跃欲试的样子；楚军则开始回营了。因为王翦一连三日坚守不战，楚军就以为秦兵害怕了。他们一个个都骄傲极了。于是，王翦下令所有士兵拿起武器，对楚军发动突然袭击。

楚军没有想到秦兵会发动突然袭击，一个个都慌张起来。很快，他们就乱了阵脚，开始溃逃了。看着溃逃的士兵，项燕心如刀绞，他早已料到会是这样的结局了。可是楚王不肯听从他的建议，他也没有办法啊！

秦兵们追赶着楚军，见到一个杀一个，毫不留情！项燕挥舞着手中的大刀，再次冲向秦兵。这时，秦兵越来越多，他杀了一个就扑过来十个，杀了十个就扑过来一百个。最后，项燕终因寡不敌众，拔剑自刎而死。项燕死后，王翦活捉了楚王负刍，把他带回秦国去了。就在项燕大战秦兵之时，赶往下相的士兵到了项羽的家里。士兵一见到项羽的叔叔项梁，就把信递了过去。项梁看着神情憔悴的士兵，心里已经明白了大半，他一边安排士兵休息，一边拆开信。

信上说：“梁儿，你看到这封信的时候，我已经战死沙场。你赶快带着籍儿和家人避难去吧！”看着这短短的两行字，项梁几乎要崩溃了！可是，家人还需要他的照顾，无论如何，他都要坚强。

项梁马上收拾了一下行李，带着项羽和家人逃走了。他们在一个小村庄里安顿下来，过着清贫的生活。不久，项梁和一个乡村恶霸产生了矛盾，他在一怒之下，把恶霸杀了。官府因此到处抓捕项梁。

项梁眼见就无处可藏了，忽然，他想到了吴中（今江苏苏州，浙江湖州、绍兴等地区）有很多他的朋友，那里或许可以藏身。于是，匆忙之中，他带着项羽逃到了吴中。终于，他们在一个朋友的帮助下，在吴中居住了下来。

转眼两年过去了。项羽已经十岁了。项梁看着渐渐长大的项羽，心里十分烦闷：孩子长大了总要学点东西吧！可是教他些什么好呢？

一天，项梁看到一个朋友在练习书法，写得十分漂亮。他走过去，悄悄地问道："你的书法写得这么漂亮，能收我的侄子项羽作为学生吗？"这个人曾经在项燕的军队里当过兵，当时项梁是他的长官。听到项梁这样恳求自己，他十分感动，就答应了。

第二天，项羽就到老师家里开始学习书法了。开始的时候，项羽十分用心，他认真地跟着老师学习。老师看到他的字慢慢地有了进步，也十分高兴。可是，过了几天，项羽开始坐不住了。他常常趁老师不注意的时候，偷偷地溜出去和伙伴们一起玩耍。

项梁知道以后，决定要好好地教训一下这个不争气的孩子。晚上，项梁问项羽："你的书法学习得怎么样了？能写几个字给我看看吗？"

"叔叔，学习书法一点用也没有，为什么一定要学习书法呢？"项羽反问他道。

"学习书法可以成为一个大书法家，怎么会没有用处呢？"项梁生气地说。

项羽认真地对他说："是的，学习书法可以成为一个大书法家。可

是，那不过是一个人的成就。就算成了书法家，只不过可以写下自己的名字罢了！这有什么意义呢？”

项梁见他说得有道理，也就没有勉强他。但是，项梁的心里已经隐隐有些不高兴了！

不久，项梁又给项羽安排了一个剑术老师。他对项羽说：“跟着老师好好学习剑术，学会了剑术，你就不用怕别人欺负你了！”

于是，项羽又学起了剑术。开始的时候，项羽十分用功。他拿着剑认真地跟着老师学习，老师每教一个招式，他就努力练习十遍、一百遍！可是，没有多久，项羽又开始逃学了。他常常趁着老师不注意的时候，偷偷溜出来和伙伴们一起做游戏去了。

老师把项羽的情况告诉了项梁。项梁有些生气了。他把项羽找来，问道：“你说学习书法只不过可以写下姓名。学习剑术有很多用处啊，你为什么又不学习了？”

项羽真诚地回答说：“叔叔，其实剑术也没有大的作用，练成了剑术只不过可以打败一个人。我不要学习只可以打败一个人的剑术。这没有什么值得学习的！”项梁又问道：“你想学习什么呢？”

项羽回答说：“叔叔，如果一定要学习，我愿意学习可以打败万人的兵法。将来，我要当一名大将军！”

项梁认为项羽说得很有道理，也就不再生气了。从第二天开始，项梁就开始教项羽学习兵法。项羽终于能够如愿以偿地学习可以打败数万人的兵法了。所以他特别努力！每当遇到不懂的问题时，都向叔叔请教。项梁看在眼里，高兴在心里。

吴中的名人和富户多是项梁的朋友，他们都十分景仰项梁的才华。所以，每次有重大事情的时候，他们都请项梁来主持。项梁也很高兴为朋友效力。每当这个时候，项梁都会带上项羽。项梁暗中用兵法中的道理来安排宾客和吴中子弟。项羽也在一旁暗暗学习着。

可是，没有过多久，项羽对兵法也厌烦了！每当叔叔要教他兵法的时候，他总是以各种理由来推托。项梁生气了。他严厉地问道："你不学习书法，不学习剑术，我都能理解。但是，兵法是你自己要学习的，为什么现在学到一知半解就不肯学了呢？"

"叔叔，我不想再学下去了，我已经学会很多了。"项羽回答说。

"你现在离学会还差很远呢！你以为你自己学会了，其实你只不过懂了一点皮毛而已！"项梁生气地说。可是，无论如何，项羽也不肯继续学习下去了。项梁没有办法，也只好由他去了。

彼可取而代之

王翦攻破楚国的都城以后，秦王又派兵攻打齐国。公元前221年，秦王嬴政征服了齐国，统一了中国。中国历史上的战国时代结束了，历史翻开了新的一页。嬴政在这一年建立了中国历史上第一个中央集权制的封建王朝，自称秦始皇。

可是秦始皇是个十分暴虐的皇帝。他横征暴敛，弄得民不聊生，百姓怨声载道。很多百姓都想推翻他的统治，但秦始皇有一支强大的军队，没有人敢明目张胆地反抗他。

秦始皇为了加强对老百姓的控制，就到全国各地去巡游。表面上，他是游山玩水，实际上他是要看哪里的老百姓敢反抗他。只要有人敢说一句对他不尊重的话，他就会杀了那个人。而且，他每到一个地方，就要这个地方所有的老百姓到路上来迎接。所有的人都要跪在道路两旁，低下头，不能抬头看他一眼。要是谁不小心看了他一眼，秦始皇就会马上要士兵把那个人的眼睛挖出来。

这一年，秦始皇坐在马车里到会稽巡游。会稽所有的老百姓和官员都到路上来迎接他。项羽和他的叔叔项梁也来了。他们跪在道路两旁，没有一个人敢说话，没有一个人敢抬头。他们静悄悄地等待秦始皇的到来。每个人的心里都希望秦始皇快点来，快点走，走了以后再也不要到会稽来了。

道路两旁安静极了，只有天上的小鸟和草丛里的虫子在不停地叫着。忽然，一队骑兵飞奔而来，他们挥舞着手中的马刀，大喊着“低下头，不准抬头！”骑兵过去了，道路上再次陷入了安静之中。

人们跪在地上，低着头，安静地等待着。终于，一队全副武装的士兵过来了。士兵们穿着铠甲，拿着长矛、大刀和戟等武器，他们的脸上都很严肃，没有一丝笑容。在队伍的中间有一辆装饰华丽的马车，秦始皇气宇轩昂地坐在马车上。道路上更加安静了，人们不敢发出一点声音，士兵们也很安静，整个天地间似乎只剩下了士兵们的脚步声。

项羽和项梁跪在人群中，一动不动。忽然，项羽瞅了一下秦始皇，然后悄悄地对项梁说：“叔叔，看到皇帝了吗？”项梁瞪了他一眼，警告他不要说话。可是项羽似乎像没有看到一样。他接着说：“他可以当皇帝，你也可以当皇帝的。不久的将来，你就可以取代他了。”项梁着急了，他很担心项羽的话被人们听到，伸手掩住了项羽的嘴巴，低声说："不要胡说八道，这可是要诛灭九族的大罪啊！"

就在这时，士兵中忽然响起了"皇上万岁，万岁，万万岁"的呼喊声，呼喊声掩盖住了项梁和项羽的谈话。

秦始皇和他的士兵终于过去了。人群中渐渐有了响动，有人已经慢慢站了起来。虽然秦始皇和他的士兵已经走远了，可是人们依然不敢说话，只是悄悄地站起来往家里走去。

项羽在迎接秦始皇时所说的话打动了项梁。他认为项羽不是一个一般的孩子，他长大了一定能够成就一番大事业！从此以后，项梁就更加疼爱项羽了。

时间一天天地过去了，项羽慢慢长大了。他高大威猛，面貌清秀，是个人见人爱的好小伙。可是项羽依然不喜欢学习，整天和朋友们到处玩耍。

力能扛鼎

项羽的朋友当中有一个叫桓楚的人，是个富家子弟，家里有着无数的良田美宅。有一天，朋友们聚在桓楚家里，要选一位最聪明、最勇敢的人。

朋友们七嘴八舌地议论着，有的说桓楚是最聪明、最勇敢的人，有的说项羽是最聪明、最勇敢的人，还有的说某某是最聪明、最勇敢的

人。讨论了很久，大家也没能达成一致。这时，朋友中有一个人站出来说：“不如我们一起出个题目，大家来比赛！胜出的就是最聪明、最勇敢的人。”

大家一致认为这个方法很好，就同意了。可是出什么样的题目才能分出胜负，又让大家心服口服呢？朋友们热烈地议论着，有的说比赛写字，有的说比赛射箭，还有的说比赛骑马，议论了很久，也没有人想到一个好办法。

桓楚的父亲听到朋友们的议论，就走过来对他们说：“你们议论了这么久，也没有想到好办法。不如让我来给大家出两个题目吧！”

大家互相看了看，就异口同声地说：“有劳伯父了。请您给我们出两个题目吧。这两个题目既要能够分出我们当中最聪明、最勇敢的人，又要让大家心服口服。”

桓父笑着说：“这个自然！”他略微沉思了一下，就对大家说：“你们跟我来。”

桓楚就带着朋友们跟随父亲，走到了院子当中。院子当中有一个巨鼎，足有一千斤重。但是因为从来没有人能够移动它，所以也没有人知道它到底有没有一千斤。桓楚的父亲手扶着巨鼎，对大家说：“这个巨鼎自从安放在这里就再也没有被移动过，现在我想把它换个位置。你们谁能把巨鼎移动到我指定的位置，谁就是最勇敢的人！你们同意吗？”

“既然从来没有人能够移动它，我们又怎能做到呢？”朋友中有人低声议论着。项羽站在人群中，不屑地看了那人一眼。

桓楚的父亲对那人说：“你已经输了，因为你连参加比赛的勇气都没有！一个没有勇气的人怎么能称得上是勇敢的人呢？”

朋友们似乎明白了伯父的意思，有人站出来向巨鼎走去。第一个人走到巨鼎旁边，只见他微闭双眼，深吸了一口气，憋足了全身的力气去推巨鼎。一下、两下、三下，巨鼎纹丝不动！尽管他已经使出了浑身的力气，可是巨鼎实在太重了，他没有办法移动巨鼎。

他转过身，惭愧地对大家说："巨鼎太重了，我没有办法移动它，我不是最勇敢的人！"大家纷纷回答道："你敢第一个站出来，已经很勇敢了啊！"听到朋友们的回答，他显得更加不好意思了。

桓楚站出来对父亲和他的朋友们说："让我来试试吧！"他神情自若地走到巨鼎旁边，暗暗把全身的力气都运到双手上面。大家都屏住了呼吸，静静地看着他，一句话也不说。忽然，他双手平伸，猛地推向巨鼎。巨鼎晃动了一下，人群中发出了热烈的欢呼声。他们高喊着："桓楚是最勇敢的人，桓楚是最勇敢的人！"

这时，桓楚的父亲走到巨鼎旁边，指着院子边上的一棵树对桓楚说："既然你可以移动巨鼎，那么你把它推到那棵树下面吧！如果你把它推到了那棵树下，你就是最勇敢的人了！"

朋友们的眼光随着桓楚父亲指的方向望去，树在院子的最边上，它离巨鼎足足有一百多米远。每个人都在心里为桓楚担忧着："这么远的距离，他要做出怎样的努力才能把巨鼎推到那里啊！"项羽站在人群里依旧没有说话，他看上去还是那样气定神闲。

桓楚目测了一下两者之间的距离，对着大家点了点头。他再次运足全身的力气，猛地向巨鼎推去。巨鼎移动了，一寸、两寸……"加油，桓楚加油！"朋友们在旁边高声呐喊着。桓楚依然一句话也不说，他担心一旦开口说话，就没有足够的力气来推动巨鼎了。巨鼎在缓慢地移动着，呐喊声也一浪高过一浪，每个人都为桓楚感到高兴！

桓楚的父亲微笑着看着眼前的一切，他确信自己的儿子是这帮年轻

人中最勇敢的人。时间一分一秒地过去了，朋友们仍然在为桓楚鼓劲加油。但是巨鼎移动得越来越慢了，桓楚的力气似乎就要用光了，豆大的汗珠从他通红的脸上一串一串地落下来。

“坚持住，桓楚！”父亲也在旁边为他加油。

近了，更近了，只剩下一寸了。终于，桓楚把巨鼎推到了院子最边上的那棵树下。朋友们冲向桓楚，把他抬起并高高地抛向空中再接住，再抛再接。他们兴奋地高喊着：“桓楚果然是最勇敢的人，桓楚果然是最勇敢的人！”

桓楚的父亲也非常高兴。他对大家说：“桓楚是最勇敢的人，你们心服口服吗？”

“心服口服。”朋友们七嘴八舌地回答说。

桓楚的父亲接着说：“如果有谁不服气的，就站出来。只要你能把巨鼎再从那棵树下移动到原来的位置，你就是比桓楚还要勇敢的人。”

朋友们都亲眼看见了桓楚是个力大无穷的人，谁也不敢确定自己比他的力气更大。人群中静悄悄的，似乎谁都不愿第一个说话。

忽然，项羽站出来对桓楚的父亲说：“伯父，我想试一试。不管我能不能把巨鼎移回原来的位置，我都想知道自己到底有多勇敢。”

朋友们见到项羽站了出来，就纷纷劝他说：“项羽，你就别试了，你肯定推不动巨鼎的。”

项羽对他们说：“不试一试，我又怎能知道自己能不能推动巨鼎呢？”说着，他就走到大树下，仔细地观察了一下巨鼎。朋友们都不相信项羽能够推动巨鼎，他们对项羽说：“项羽，你就别装模作样了，你是推不动巨鼎的。”

项羽对他们笑了笑，没有再说话。他慢慢地蹲下身子，伸出双手抓住巨鼎的两只脚。忽然，他大吼一声，就把巨鼎举了起来。

树上的几只鸟儿被项羽的吼声惊吓到了，它们张开翅膀飞走了。朋友们一个个目瞪口呆，静静地看着项羽和他手中的巨鼎。项羽双手举着巨鼎，大步流星地向原来的位置走去。很快，他走到了院子中央，慢慢地把巨鼎放了下来，然后甩了甩双手，说：“我做到了！”

人群依然静悄悄的，没有一个人说话，他们都被项羽的神力惊呆了。过了很久，人群中有一个声音响起：“项羽才是最勇敢的人！”大家回头一看，原来说话的人是桓楚。桓楚走到项羽的面前，握着他的双手说：“你才是最勇敢的人，祝贺你！”

这时，大家才惊醒过来，他们纷纷走过来，把项羽围在中间，用敬佩的目光注视着他。桓楚的父亲也走了过来，他对大家说：“刚才的事情大家都看到了，项羽不费吹灰之力就把巨鼎从树下举到了原来的位置。他是最勇敢的人！”

“项羽是最勇敢的人，项羽是最勇敢的人！”人们围着项羽，高声欢呼着，项羽则站在人群当中仰天大笑起来。

桓楚的父亲接着说：“现在我们可以知道项羽是最勇敢的人了，下面，我们接着要进行的比赛是看看谁是最聪明的人。”于是他从口袋里拿出一块手帕，对大家说：“这个比赛非常地简单，你们谁能把这块手帕扔得最远，谁就是最聪明的人！”

大家笑了。有一人对桓楚的父亲说：“伯父，手帕这么轻，我只要轻轻一扔，它就会飞出去很远的。”

“那么，就由你第一个来扔吧。”桓楚的父亲说。

那人自信地接过手帕，憋足了劲，抡起胳膊把手帕向远处扔去。但是，手帕在空中轻飘飘地转了一个圈，就落在他的脚下。他疑惑地看着

脚下的手帕，似乎不能相信眼前的一切。那人怎么也想不明白，这么轻的手帕，他为什么就不能扔出很远。

人群中发出一阵哄笑，那人灰溜溜地退了下去。桓楚的父亲对桓楚说：“你来试一试，怎么样？”

桓楚走上前去，接过父亲的手帕，认真地揉成一个圆球。父亲看到桓楚的举动，微笑着点了点头。桓楚用三根指头轻轻地捏住被揉成圆球的手帕，朝着墙角扔了过去。手帕像一只轻盈的小鸟一样，一直飞到墙角才落了下来。

第一个扔手帕的人觉得有些不可思议，他想看看桓楚为什么能把手帕扔了那么远，于是跑到墙角把手帕捡了回来，然后把揉成圆球的手帕拆开，左看右看，就是看不出有什么玄机。朋友们用羡慕的眼光看着桓楚，他们觉得桓楚一定是最聪明的人，肯定没有人能比桓楚扔得更远了。

项羽要过手帕，捡起脚边的一颗小石子，把小石子包在手帕里，轻轻一扬手，就把手帕扔了出去。手帕像离弦的箭一样，瞬间就消失了，桓楚看着项羽，大笑着说：“你是最聪明的人，我们当中没有人能和你相比。”

项羽说：“你也是一个聪明、勇敢的人。我们大家都是聪明、勇敢的人！”听到项羽这样说，朋友们都走了过来。他们把项羽围在中间，向他表示祝贺。

从此以后，朋友们更尊重项羽了。不管有什么事情，都会先和项羽商量，征求项羽的意见。就这样，项羽和朋友们一起度过了一年又一年。朋友们都渐渐长大了，项羽也已经二十四岁了。

这些年当中，秦朝的统治越来越黑暗了。秦始皇接受丞相李斯的建议，下令烧掉全国所有的书籍，杀掉所有敢私藏书籍的读书人。书籍是读书人最珍贵的东西，他们谁也不愿意把书籍交出来烧掉。秦兵们就挨家挨户搜查，查到有私藏书籍的人，就抓起来。秦兵们把全国各地的书籍都运到了一起，一把火烧掉了。秦兵们还挖了很多大坑，他们把读书人赶到大坑里活埋了。一时间，全国处于一片恐慌之中，老百姓敢怒不敢言。这就是历史上著名的焚书坑儒事件。

秦始皇去世以后，他的儿子胡亥在奸臣赵高的帮助下登基称帝。胡亥就是秦二世。秦二世每天花天酒地，不问政事，所有的事情都交给赵高处理。赵高是个极其贪婪的人，他想把天下的财富都据为己有。

有一天，赵高带着爪牙们到吴中游玩。他看到桓楚的家里特别有钱，就产生了歹心。夜里，他指使自己的爪牙化装成土匪，冲进桓楚的家里，大肆抢劫。他们见人就杀，见东西就抢。在混乱当中，桓楚逃了出去。

桓楚逃出去以后，偷偷找到项羽，并把自己藏身的地方告诉了他。

桓楚在一个山洞里藏身，项羽常常偷偷地给他送吃的。这件事情被项羽的叔叔项梁发现了，项梁就对项羽说：“桓楚藏身的地方，你一定要保密。如果秦兵抓到他，一定会杀了他的。”

项羽回答说：“请叔叔放心，我一定不会让秦兵找到桓楚的。”项梁见他回答很坚决，便说：“你真是个讲义气的人！”

会稽起兵

赵高得到桓楚的家产后，仍变本加厉地掠夺老百姓的财富。秦二世对他做的坏事不但不闻不问，还和他一起分享掠夺来的赃物。

老百姓对秦朝的统治越来越不满了。公元前209年，官府把一支由九百名穷苦人组成的队伍发往渔阳戍边。由于连日大雨，延误进程，按律失期当斩。于是，这九百人在陈胜、吴广的带领下起义了。

陈胜、吴广起义以后，全国各地纷纷响应。老百姓杀了很多贪官污吏。原来的东方四国燕、赵、魏、齐又纷纷自立为王，不再受秦国的统治。

九月，会稽（今浙江省绍兴市）郡守担心会稽的老百姓也会起义。他想："如果会稽老百姓起义了，首先要杀的人就是自己。与其等着老百姓起义来杀自己，不如自己先发兵反秦。"仔细考虑了以后他就找来项梁，对项梁说：

"陈胜、吴广在大泽乡起义以后，江西的很多地方都响应了。这正是我们起兵反秦的大好时机。我们都知道先发制人，后发则被人所制。现在这个大好时机，我们一定要把握。我打算起兵反秦，用你和桓楚作为大将军，你觉得怎么样呢？"

项梁在心里盘算了一下，他觉得郡守说得很有道理。但是郡守是秦朝的官员，他会真心反秦吗？况且先发制人，后发则被人所制，如果我答应做他的大将军，我不是永远都要听命于他了吗？

项梁又想了想，就对郡守说：“你说得很有道理，可是现在桓楚逃亡在外，除了项羽知道他在哪里，就没有人知道了。我去让项羽把桓楚找回来吧！”

郡守看了看项梁，就说：“你快去让项羽把桓楚找回来，机不可失啊！”

项梁回到家里，把门关起来，对项羽说：“籍儿，我们项氏世世代代都是楚国的大将。你的爷爷也是被秦国杀害的。现在全国各地的老百姓都起兵反秦了，这正是我们替你爷爷报仇、恢复楚国的大好时机。今天，郡守找我去商量起兵的事情了。他说要我和桓楚作为大将军，带领士兵攻打秦国的军队。但是他是秦国的官员，他不会真心反秦的。他现在要反秦不过是担心老百姓起义会先杀了他。”

项羽说：“叔叔分析得很有道理，郡守是一个贪婪的人。他做秦国的大官，已经捞到了很多好处，他怎么会真心反秦呢？”

项梁拍了拍项羽的肩膀说：“你是吴中最勇敢的人。一会我带你去郡守府，你持剑在门外等候我的命令。只要我说‘开始行动’，你就冲进去杀了郡守，我们一起起兵。”

项羽从小学习兵法，正想带兵反秦，为爷爷报仇呢！现在机会来了，他怎么会不好好把握呢？于是，项羽对项梁说：“我一切听从叔叔的安排。”

项梁带着项羽再次来到了郡守府。郡守见到项梁又来了，就问他：“项羽来了吗？快让他去找桓楚吧！”

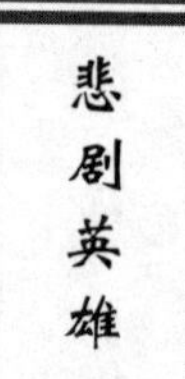

“项羽就在门外，我把他叫进来见郡守吧！”说着，项梁对门外喊道：“籍儿进来吧。”

郡守见到项羽身材魁梧、威风凛凛，就说：“你也是一个可塑之材啊！”

就在这时，项梁喊了一声：“开始行动。”听到叔叔的吩咐，项羽以迅雷不及掩耳之势拔出了腰间的宝剑，手起剑落，郡守的项上人头已滚落地上，一股鲜红的血从尸体的颈部喷涌而出。

项梁从郡守的尸体上解下官印，戴在了自己身上。然后提着郡守的头颅，一脚踹开门，走了出去。项羽手持宝剑，紧随项梁的身后。郡守府中的秦兵见状，都惊慌起来。一名军官说：“项梁和项羽大逆不道，胆敢杀死郡守。大家千万不要放走他们。谁抓住或者杀死他们，本官重重有赏！”

听到有赏，秦兵们就挥舞着兵器，一哄而上，把项梁和项羽围了起来。项羽对着秦兵们大吼道：“你们谁敢上来，上来者死！”秦兵们被项羽的英勇镇住了，他们呆呆地站在原地，一动也不敢动。

秦兵军官见状，“嗖”的一下，拔出腰间佩刀，喊道：“杀死项梁和项羽者，重重有赏；临阵退缩者，杀无赦！”

秦兵们无奈，只好慢慢地缩小包围圈，步步紧逼项梁和项羽。项羽静静地盯着秦兵，观察着他们的每一个动作。忽然，项羽举剑向他面前的秦兵刺去。

“啊……”随着一串尖叫声，五六个秦兵倒地了。

项羽向前冲去。他每走一步，就有几个秦兵倒地。终于，他带着项梁冲到了大门口。项梁回过头一看，他们走过的地方已经成为一条血的道路，血泊两旁横七竖八地躺着秦兵的尸体。瞬息之间，项羽就杀了一百多名秦兵。其他人见项羽英雄了得，料知自己也不是他的对手，都一个个放下了手中的兵器，匍匐在地，说："请英雄饶命，我们愿听从英雄的吩咐！"

看着眼前的一切，项羽感到了前所未有的快感！他挥舞着手中的宝剑，仰天大笑起来。秦兵军官或许是被项羽的英勇吓坏了脑子，或许是高估了自己的能力，他握紧手中的刀，莽莽撞撞地向项羽扑去。项羽不紧不慢地用手中的宝剑拨开了他的刀，对着他的胸口飞起一脚，他就像一只蝴蝶一样，轻盈地飞了出去，然后在十几米以外的墙角落了下来。众人上前一看，那秦兵军官已两眼突出，七窍流血，一命呜呼了！

士兵们被项羽的英勇彻底征服了，他们再次匍匐在地，不敢发出一点响动。项羽对他们大声说道："还有谁不服的？不服的上来受死吧！"士兵们哪里还敢说一个字！他们磕头如捣蒜地说："一切谨听英雄吩咐！"

于是，项羽说："现在我的叔叔项梁就是会稽郡守了，你们必须要服从他的命令。"项梁站出来吩咐士兵去找驻守在会稽的秦朝官员们。很快，官员们就到齐了。项梁对他们说："我的侄子项羽已经杀了郡守，现在我就是会稽郡的郡守了。陈胜、吴广起义以后，全国各地纷纷响应，这说明秦朝的末日到了。我们只有顺应时势，起兵推翻秦朝的黑暗统治才是正确的选择。你们有什么想法吗？"

这些官员都知道项梁的才能、项羽的英勇，哪里还敢说一句话。他们纷纷表示，愿意跟随项梁叔侄两个起兵反秦。项梁见到大家都同意了，就吩咐他们回去集结各自县里的军队，来到会稽会合。

第二天，官员们就带着自己的军队来到了会稽。项梁粗略地统计了一下，一共有精兵八千人。项梁又把吴中地区有能力的人都找来，按照他们能力的大小，分别授予校尉、侯、司马等官职。

有一个自以为很有能力的人没有得到官职，就问项梁：

“郡守，我不是一个没有能力的人，为什么他们都有自己的官职，而我却没有呢？”

项梁看了看他，就说：“我还记得在一次葬礼上，我吩咐别人的事情，别人都办好了。我吩咐你的事情，你却连办都不去办！你知道我当时就是按照兵法的道理来安排的吗？既然你连简单的事情都做不了，怎么能带领士兵冲锋陷阵呢？因为这件事情，我不能用你！”

大家听到项梁的解释，都很佩服他的智慧。于是，项梁顺理成章地做了会稽郡的郡守兼大将军，项羽做了副将军。

项梁见大家没有什么异议，就要项羽带着军队去攻打吴中地区没有归顺的县城。项羽带着军队日夜兼程，连连攻城拔寨，很快就平定了整个江东。老百姓知道他们是项燕的后人，都很支持他们。一支新的项家军又组建起来了。

第三章

刘邦发迹

攻下沛县后，众人见刘邦推辞，便又拥立萧何、曹参，萧、曹都出身文吏，不懂军事，唯恐难以胜任，于是坚决推戴刘邦为主，甘愿听命于他。刘邦依旧推托，诸父老异口同声地说：“向来听说刘季奇异，必当大贵，并且我们已占卜过，只有季相最贵，望勿推辞！”刘邦盛情难却，只有答应，众人于是一致拥立刘邦为沛公，刘邦此时已四十八岁了。

市井无赖

刘邦是沛县丰邑人。丰邑一地，在秦代分成若干里。刘邦于中阳里出生。这个村庄，不大也不小，人家大约有上百户，也算中等规模。

刘邦本名刘季，他的长兄名刘伯，次兄名刘仲，古代以伯、仲、叔、季排行，就是今天的老大、老二、老三、老四。刘家的老三大概早年夭折，故《史记》中刘叔没有被提及过。刘邦是幼子，因而称刘季。刘太公晚年又得子，取名刘交，是刘邦之弟。刘邦是他即汉王位后改称的，因为刘季这个名字实在是太普通了。“邦”源自“定国安邦”，这多有气派！刘邦称帝后，讳邦不讳季，如季布就并未因讳“季”而改姓。

有人根据这一点认为刘邦出身卑微，因刘家兄弟的名字都来自排行。这种说法未免主观性太强。“伯、仲、叔、季”常用于周代贵族男子的名字中，例如伯禽、仲尼、叔向、季路等。也有只以排行为名字的，如管仲、鲍叔、范叔等，他们都是大臣，有的还是一代名相。这说明在秦汉及其以前的时候，也有以排行为贵族命名。只是到了近世，以排行为名字才成了社会底层民众的专利。

刘邦之父为人忠厚，里人有口皆碑，故年老以后，人们都叫他太公。刘邦之母王氏，与太公同龄，所以称为刘媪。刘家虽然是农民，家境也算宽裕，除自耕土地外，还雇有帮工。原本以“太公”称呼上了年纪的地主，贫雇农即便年龄再大，辈分再高，也不会被人这样称谓。刘太公虽然主要务农，但也经商，做些小生意，憨厚、猥琐中有几分精明和狡猾，是个有点见识的农民。

关于刘邦的身世，有这样一个传说。一天，刘媪外出办事，路过大泽，感觉劳累，于是就坐在堤上闭目养神，半睡半醒之中，忽然发现一个金甲神人从天而降，立在身旁，便吓得昏了过去，也不知神人干了些什么。太公在家，见妻子久未还家，心急之下便要出门去找。正打算出门，忽然电闪雷鸣，太公更加焦急，忙携带雨具，迅速赶到大泽。遥见一人睡在堤上，像是自己的妻子，但云雾笼罩半空，回环浮动，鳞甲隐约露出，似有蛟龙往来。于是太公心慌意乱，又停住脚步，不敢靠近。过了一会云开雾散，重见天日，方敢前往瞧个究竟，的确是妻室刘媪，如梦方醒，便加以追问。刘媪好像失去知觉，待太公一连问了数声，才睁开双眼，开口称奇。太公又问她有没有受到惊吓，刘媪答道：“我在此休息，忽见神人下降，然后就吓晕了，不知后来发生何事。现在才知道是一场梦。”太公告诉她雷电蛟龙等状，刘媪一无所知，休息了一会儿，便和太公一道回家。

没料到从此得孕，过了十月，竟得一子。长颈高鼻，左股有七十二颗黑痣。太公认为他不同寻常，以邦命名，因他最年幼，就以季为字。

难道刘邦真是天生龙种吗？这只是前人附会罢了。实际情况并非如此。

刘媪年轻时很标致，不像太公其貌不扬，人们见了都为刘媪惋惜。村里的无赖对刘媪动了心思。有一天，刘媪送饭去田间，忽然下起了雷阵雨，风雨交加，电闪雷鸣，刘媪到树林里避雨，没想到那个无赖早已

在大树背后躲藏，趁这机会，跳出来把刘媪强暴了，随后扬长而去。妻子送饭久久未到，刘太公一路找过来，发现刘媪正在整理衣裳。太公怒不可遏，声色俱厉地责问刘媪：到底发生什么事？刘媪只低头哭泣，沉默不语，太公更加心神不宁。

毕竟女人比男人更有急智，具有善于隐瞒和说谎的本能。刘媪见太公生疑，便说是刚才经过大泽旁的树荫下时，天色突暗，雷电交加，一条蛟龙从天而降缠绕住她，她被压倒在地，随后便昏迷过去了。等到她苏醒过来，发现赤身裸体。她整理衣衫之际，太公来到，就是如此。太公对此并不完全相信，但刘媪平时称得上安分守己，从未有过伤风败俗的行为，即便有人垂涎她的美色，故意用轻薄言语来挑逗她，她也从不理睬，而是低着头走进屋里。在这风雨大作的旷野丛林旁，无论是天上的蛟龙或者是人间的恶棍企图强暴她，她孤身一个弱女子，无论如何也无法抗拒。所以，太公也就只能装作没事。他是个聪明的庄稼汉，决不会追究那些事情自讨没趣。

没料到经此刘媪怀了孕。至于那强暴她的无赖，早已没了踪影。太公在村中很有地位，那无赖大概因为害怕太公的报复，索性一走了之，不知去向。

十月临盆，一朝分娩。刘邦便是那个生下的婴儿。这一年是公元前256年。刘邦长大后，身材魁伟，高鼻梁，宽额头，长颈项，是个美男子，与太公没有一点相似之处。所以，当刘邦逐渐长大时，村里人禁不住议论纷纷。这也不能怪别人，刘邦的确是私生子，不知道真正父亲的身份，太公仅仅是他名义上的父亲。刘邦自己在后来是否清楚这一点，也不得而知。

太公表面上憨厚、猥琐，其实十分精明。他见村里人窃窃私语，对此十分恼火却又毫无办法。假如完全放任不管，势必影响他在村中的威望，使他没脸见人。于是，为了遮住人们的口，太公逢人就将自己妻子的谎话进行讲述，当然是经过添枝加叶，讲得活灵活现，久而久之，人们都知道了刘邦是龙种的传说。时人迷信，也就多少有些信了。私生子被人瞧不起，龙种却令人敬畏。刘邦兼野种、龙种于一身，于是，人们便不免对他另眼相看，那目光中鄙夷和敬畏并存。

贵人之相

时光飞逝，刘邦转眼间已长成为一个身强体壮的高大汉子，鹰视虎步，顾盼自如，颏下蓄着漆黑而漂亮的长须，更显仪表堂堂，虽然有时衣冠不整，但丝毫掩盖不住他的勃勃英气。刘邦虽然相貌英俊，但他的为人却是不折不扣的无赖。他集酒色赌于一身，要么在酒肆中醉醺醺地高谈阔论，要么出入妓院风流快活，或者在赌坊中一掷千金。刘家虽然宽裕，毕竟是农民，既非豪富，又非世族，哪里经得起他如此挥霍，父母兄嫂都看不惯他这种行径，不再接济他。但刘邦却不以为然，仍然我行我素。缺钱花，便干些鸡鸣狗盗之事，至于借了邻里的钱谷不还，那更是家常便饭。乡里耆旧都不喜欢他，认为刘家家门不幸，出了个败家子。太公多次劝导，他仍屡教不改，只好由他去。刘伯娶妻以后，其妻为人刻薄，见刘邦身强体壮，却游手好闲，坐耗家产，心中十分反感，口中也常唠叨。到了后来，刘邦假如没有在全家吃饭的时间回家，他的长嫂便绝不单独为他做饭。你刘邦肚子饿，自己到厨房吃冷饭！绝不可能吃碗热气腾腾的羹汤！因此，刘邦对此一直耿耿于怀，直至后来称了帝，遍封亲戚，独长侄不得封。太公时为太上皇，向刘邦提及这件事，才封为颉羹侯，此是后事。

刘邦此后再不去嫂家，而长年在邻家两酒肆中吃饭。有时邀客共饮，有时自己独酌。两酒肆的老板都是妇人，一呼王媪，一呼武妇。二妇虽是女流，却因刘邦是邻居，也不便斤斤计较；而且刘邦入肆中，能为其增加不少客人，比往日多挣几倍钱，二主妇心中暗喜，所以刘邦要赊酒，全都答应。刘邦生平最爱酒，见二肆都愿意赊，通常喝醉了不想走，干脆假寐座上，大睡一晚。王媪武妇，本打算叫醒他，但又怕刘邦醉后恼怒，又何况刘邦的无赖行径尽人皆知，所以只好作罢。每到年底结账时，刘邦没钱偿还，也不向刘邦追索。

太公原来认为刘邦非同一般，寄予重望，如今却一事无成，虚度年华，视他为无赖，甚至不愿供他衣食。刘邦却满不在乎，有时恐父亲责罚，不敢回家，便投宿两兄家。毕竟是手足，不便拒绝。不料刘伯忽得了疾病身亡，其妻本反感小叔，自然不再留他。刘邦胸无城府，直来直去，不管她心里怎么想，仍常去长嫂家吃饭。长嫂借口孤寡，通常加以拒绝，刘邦尚信以为真。一日更把一帮朋友带到长嫂家，时正晌午，长嫂见刘邦又来，已恐他来打扰，讨厌得很，再加上这么多人，越发不快，想出对策，赶紧进了厨房，用瓢刮釜，假装饭已吃完了。刘邦本乘兴而来，忽闻厨中有刮釜声，后悔来晚了。友人倒也知趣，纷纷告辞。刘邦送友去后，返回长嫂厨内，看个究竟，见釜上蒸汽腾腾，约有大半锅羹汤，才知长嫂故意为之，一声长叹，掉头就走。

刘邦虽然对他的长嫂耿耿于怀，但平时他对朋友却十分大度。别人得罪了他，他通常付之一笑，并不介怀，更不会以牙还牙。他尽管不富有，但若别人生活困难求助于他，只要他手头有钱，马上慷慨解囊，毫不迟疑。重义轻财使他赢得朋友的尊重。当从中阳里闯向沛县县城时，因这种豪放豁达的性格，迅速成为当地的无赖中的首领。

在那时，民间崇尚迷信。刘邦那所谓龙颜的容貌，即高鼻、宽额、长颈、美须，对他成为当地的无赖头子帮助不小。说来很有意思，刘邦在左股上有七十二颗黑痣，竟出人意料地使他在沛县城中声名大振。

那一日，刘邦在城墙根下乘凉，赤膊，下身只穿了一条牛犊裤，一群游手好闲的市井子弟围在身边，漫无边际地闲谈。正好沛县城内有个相士走过，一眼发现刘邦腿上的黑痣，被吸引住了，要刘邦拉起牛犊裤让他点数。

点数完毕，正好是七十二颗黑痣。

相士数得饶有兴趣，那批市井子弟可按捺不住了。你一言，我一语，七嘴八舌地讥讽他说：“相士从来只听说相面，哪有相人家腿的？”

“刘大哥大腿上天生的黑痣，你为什么这么感兴趣？”

“你有完没完？这是黑痣，不是宝贝。你再喜欢也没有用，这可换不来钱呀！”

“你如此认真地相腿，是不是想抢刘大哥的大腿？”

话越来越不堪入耳。但相士却一直笑着不动声色，既不生气，更不羞惭，不紧不慢地说：“诸位兄台，大家注意到这些黑痣没有？正好七十二颗。这七十二颗黑痣可是大有学问！”

这批市井子弟对此十分好奇，便硬要他解释清楚，这一下相士可该神气了，他清了清嗓子，将周围人打量一番，一本正经地说：“依照阴阳五

行的学说，木、火、土、金、水各居一方，称作五行。一年三百六十日，称作周天。五行中的每一方各分得七十二日。五方各有主宰。中央戊己土，黄帝是主宰。东方甲乙木，青帝是主宰。西方庚辛金，白帝是主宰。北方壬癸水，玄帝是主宰。南方丙丁火，赤帝是主宰。这位赤帝形似朱雀，脸却是龙颜，即高鼻、长颈、宽额、美须，身上多黑痣。刘大哥左股有七十二黑痣，应火德七十二日的征兆，实在是大福大贵之相啊！”

相士振振有词，眉飞色舞，唾沫横飞。众人听了，个个面面相觑，瞠目结舌，他们的大哥竟大有来头，实在出乎他们的意料。一时间一片静寂。刘邦倒是挺沉得住气，哈哈一笑，将这沉寂而尴尬的局面打破了，对相士说：“先生言重了，刘某乃草莽野夫，在沛县混日子。刘某就是吃了熊心豹胆，也不敢如此异想天开。先生美言是勉励刘某不要自暴自弃，在下心领了。走，走，请先生赏光，喝杯水酒去！”

他边说边把相士拉向城里酒肆。见此情景，众人纷纷散去。

这件事很是奇怪，这位相士莫非真会神算，能识真命天子于市井之间？难说，只有天晓得此事。

从刘邦后来的所作所为来看，“火德当运”的谶言，他曾多次运用，自称赤帝之子。可见他对相士之言刻骨铭心。

无论如何，沛县只是个小地方，相士论相这件事很快传遍沛县市井间。神秘的灵光圈从此就罩在刘邦头上。大家都对他另眼相待，认为此人尽管现在仅仅是个市井无赖，但难以料定他的将来。有的人忙着烧冷庙香，对他阿谀奉承。有的人虽半信半疑，但世事难料，不妨敬他三分，留条后路。连沛县衙门中的吏役，也都对他刮目相看。只要县令不坐大堂，刘邦可以自由出入，与那些吏役们你来我往，打成一片。有人即便看不惯他这种肆无忌惮的行为，也只能背后发作。如此，刘邦在他那帮小兄弟中，更有威望了。你看，刘大哥多了不起！沛县衙门就像自家大门，对吏役们根本不屑一顾……

沛县的吏役也有难言之隐。他们不敢得罪刘邦是因为刘邦代表着一股潜势力。这种潜势力，就是沛县城内形形色色的无赖，而他们都追随刘邦。这些不学无术之徒，遍地都是，出入赌场妓院，人数众多，不可小视，如果闹起事来，沛县城内便会陷于混乱。就算你县令在本县位高权重，强龙难压地头蛇，同样能给你颜色看。反之，倘若好好利用这股潜势力，官府则更加有恃无恐了。这批人终日游荡，出入酒肆、旅馆、赌场、妓院，密切联系黑道人物，况且有的人本身就从事非法勾当，耳目众多，监视着沛县城内的一举一动。

于是，猫向老鼠求教的怪现象便出现了。沛县城内假如发生了麻烦的案子，衙门里承办的吏役不知如何是好，便来向这位刘大哥虚心请教。刘邦也确实不负重托，提供十分有用的线索给他们。这是因为刘邦手下的那批兄弟与黑道人物原本就是一家。沛县城内的案子，尤其是那些盗窃、抢劫案子，主谋、参与者、把守望风的人，他都了如指掌。

当然，刘邦并不一视同仁地向官府提供情报，而是区别对待，酌情处理。凡是他的冤家犯的案子，或者是那些与他不和的以及那些外地黑势力来本县犯罪的人，他都和盘托出，借官府之手铲除异己。若是自己手下人犯的事，便尽量加以维护，或者是丢卒保车，找个替罪羊，只要追回赃物，挽回官府的面子就行。他这种做法。一举两得，既扩大了自己的势力范围，收服了那些黑道人物，又迎合了官府，把他作为忠实可靠而又精明强干的“眼线”。

刘邦最初的政治经验便来自沛县的无赖生涯，使其后来在尔虞我诈的政治和军事斗争中受益匪浅。他知道怎样掌控那些顽恶的无耻之徒，

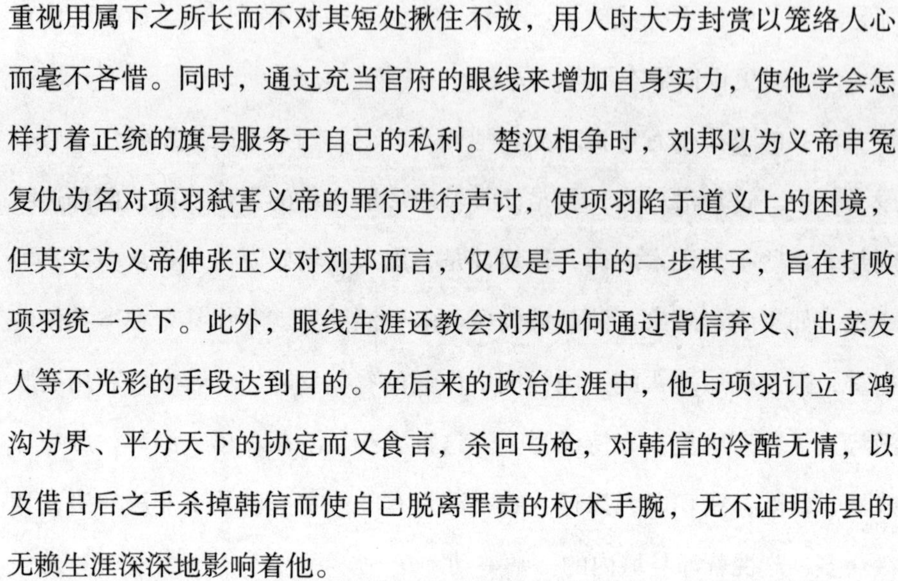

重视用属下之所长而不对其短处揪住不放，用人时大方封赏以笼络人心而毫不吝惜。同时，通过充当官府的眼线来增加自身实力，使他学会怎样打着正统的旗号服务于自己的私利。楚汉相争时，刘邦以为义帝申冤复仇为名对项羽弑害义帝的罪行进行声讨，使项羽陷于道义上的困境，但其实为义帝伸张正义对刘邦而言，仅仅是手中的一步棋子，旨在打败项羽统一天下。此外，眼线生涯还教会刘邦如何通过背信弃义、出卖友人等不光彩的手段达到目的。在后来的政治生涯中，他与项羽订立了鸿沟为界、平分天下的协定而又食言，杀回马枪，对韩信的冷酷无情，以及借吕后之手杀掉韩信而使自己脱离罪责的权术手腕，无不证明沛县的无赖生涯深深地影响着他。

无赖刘邦并没白当一场无赖，其最初的起家本钱和斗争经验都应归于他的无赖生涯。

泗水亭长

春秋战国时期，乡村中以五户为邻、五邻为里。在今天的汉语中仍有邻里一说。里，是最基层的地方单位，也是最小的行政组织。它只管辖二十五户，但由于人口大量增加，有的人家分开居住，便增加了里的户数，甚至有多达五十户至一百户的，如若再多，便要另行设里。每个里中有“社”，社内有祠，供奉地方神灵。所以，社自然而然成为里人祭祀、交往的中心。里所有居民名册，也在社中收藏，这类似于欧洲中世纪到近代的乡村教堂中保留村民的婚姻登记和婴儿出生信息的名册。每个里通常绕以土郭，进出口设立门户。天黑以后，紧闭里门，以防狼虎或盗贼混进作恶。

秦代继承邻里制度，但从设立郡县开始，便实行“十里一亭”。亭，在战国时期就已存在。当时出于军事目的，各国在与邻国交界的边境设亭，任命亭长，用以抵挡来犯之敌。秦代将亭变为基层政权，普遍设置，以十个里为一亭，管辖二百五十户，约一千三百人，是设有官吏的最小行政单位。亭长，是不折不扣的芝麻绿豆官。亭长是一亭之长，负责维持当地治安秩序，有传讯当地居民的权力。治安警卫和民事活动都由亭长管辖。此外，停留旅客也在亭长管理之列。假如上级官吏经过，便须负责接送，安排住宿，带有几分驿吏的性质。总之，假如称县令百里侯，那么，亭长可算作十里侯了。

光阴飞逝，刘邦已二十有余。太公见他终日游手好闲，也非长久之计，便命他学做官。不久，居然当上了泗水亭长。没有想到无赖竟做了亭长！

虽说亭长只是个芝麻绿豆官，也总归是个官了。在秦代，以吏为师，吏尽管不入流，但也并非轻易就能试补为吏。韩信原是淮阴布衣，曾被认为贫而无行而没有资格做吏。

刘邦于殷实的庄户人家出身，和韩信相比，自然是高人一等，但却未必比韩信品行高。韩信无行，在当时指的是他无善行值得推举、选择。具体来说，是指他家贫而又不事劳作，终日无所事事，依靠别人施舍度日，但韩信循规蹈矩，并不为非作歹、花天酒地。刘邦就不一样了，他好酒好色又好赌，做尽令人不齿之事。他在当上了亭长以后，仍

旧恶习不改。

假如说韩信无行，那么，刘邦的无行，比韩信有过之而无不及。但是，韩信因家贫无行而无权为吏，而刘邦却被沛县官府认为有行而推择为泗水亭长，这其中有何原因？

刘邦充当官府的眼线和“倒钩”，称得上有立功的表现；但这还不足以使他当上亭长。泗水亭既是商业繁盛的货物集散点，又是大大小小的无赖聚居的大本营。当地的治安一片混乱，极难管理。沛县官府把泗水亭交给刘邦这个无赖头子，是想以恶治恶，告诫那些无赖，要作案另找地方，绝对不许在泗水亭作案，即便作了案，也吃不了兜着走，很快便会被送进大牢，谁叫你连刘大哥都不放在眼里呢！何况，刘邦挺重视亭长的职位，忠于职守，尽力维护当地的治安。泗水亭虽不至于夜不闭户、道不拾遗，但比起以往截然不同，颇受赞誉。

刘邦既为亭长，便与一班县吏结识，如萧何、曹参、夏侯婴、任敖等，经常在一块儿开玩笑。内中夏侯婴与刘邦尤其投机。

夏侯婴是个马车夫，也是沛县人。后来汉高祖封夏侯婴为滕公，所以史称滕婴。夏侯婴为人耿直、仗义，为朋友舍弃生命也在所不惜。他从小父母双亡，是个孤儿，被当地的车行老板收留，在马厩内当杂役，整天洗刷马匹、喂食和遛马，忙个不停。他自幼与马匹打交道，长大后成了一名驯马高手，还特别善于驾车。无论马有多么烈，到了他的手下时，都变得老老实实，套上车后，他只要一挥动长鞭，马匹便唯命是从。久而久之，夏侯婴以驾车闻名，成为沛县公认的第一号驭手，被各个马车行争相聘用。沛县县令得知后，便命他到沛县衙署的马厩执役，为县衙当御者。有使者或客人往来沛县，都由夏侯婴负责接送。夏侯婴送使者或宾客出县境后返回，路过泗水亭时，必然会停车与刘邦长谈。

两人志同道合，甚是投缘，聊到天黑，仍难舍难分。夏侯婴驾车执役忠于职守，县令对他十分欣赏，将其提升为县吏。

一天，夏侯婴又到泗水亭，刘邦一见，便与之闲谈。他二人原本就十分随便，不料此次刘邦动起手脚，竟误伤夏侯婴。夏侯婴清楚刘邦无意为之，并不放在心上，却被旁人发现，便到县中举报，声称泗水亭长伤人。县中立刻传讯刘邦。刘邦因为秦法规定“为吏伤人，罪比平民加重”，不敢承认，所以坚持为自己辩白。县中又传夏侯婴作证。夏侯婴也维护刘邦，说是自己碰伤。那告发之人不肯罢休，便再次上告。郡中又派人复审，毕竟纸包不住火，问官明知刘邦伤人是事实，假如受害者不肯为证，也就无法定案。所以企图将夏侯婴屈打成招。无奈，夏侯婴一直拒不承认，刘邦因此而免罪。由此可见，刘邦平日以诚待人，所以危难之时，也有人相助。

刘邦在沛县举兵后，夏侯婴充当刘邦的太仆。太仆在秦代位列九卿，负责皇帝的舆马和马政。刘邦起义后，虽称沛公，但仅仅是众多起义军中的一支，凭什么封夏侯婴为太仆？但是，当时起义军中也不太讲究这些，不过是以太仆的名义，让夏侯婴为刘邦驾马而已。说是御者，实际上禁卫也由夏侯婴监管，尤其是统领禁卫军中的车兵。车兵于商、西周和春秋时代盛行。当时所称的千乘之国，就是指该国有兵车一千辆，军事实力强大。战国时代，赵武灵王胡服骑射，组建了一支强大的骑兵，取得了辉煌战绩。秦、楚、齐等国纷纷效法，建立或加强了骑兵，各有骑兵万人，从此在战争中起主导作用的成了骑兵，但并未完全废除车兵。唐代名将李靖创六花阵，优化组合车兵、骑兵、步兵这三个兵种。明代名将戚继光到西北边境抗击蒙古骑兵时，进行车、步、骑、辎、炮诸兵种的联合作战，在战时把车、步、骑各一营构造一个车、

步、骑大阵。戚继光共创制了七个车、骑、步大阵和三个辎重营，形成了七万人的机动部队。夏侯婴统帅的车兵，在野外露宿时结车为阵，保卫刘邦。在战场上，每当紧急关头，夏侯婴率车兵奋勇杀敌，常常能反败为胜或加速战斗胜利。在楚汉战争中刘邦连连败阵，溃逃之时，往往与众将失散，但夏侯婴却一直形影不离，为刘邦驾车。刘邦彭城之败时，抛弃了儿子、女儿，将后来成为汉惠帝的刘盈与鲁元公主推出车外，弃之不顾，又是夏侯婴将两个孩子抱回车中。刘邦觉得车载太重，影响赶路，恨得咬牙切齿，险些杀了夏侯婴。只是由于杀了他无人驾车，只能由他去。

刘邦称帝后，封夏侯婴为汝阴侯。刘邦南征北战，夏侯婴一直都参与，汉七年，汉高祖刘邦率军攻打匈奴，追至平城中了埋伏，为匈奴围困。汉兵被困七天七夜，眼见大祸临头，多亏陈平献美人计，重金贿赂阏氏，声称汉家多美女，将献给冒顿，不如放了汉兵，不致夺宠。阏氏向冒顿求情，冒顿放他们一条生路，刘邦便仓皇逃命，本打算快马逃窜，但这样做汉兵的虚弱便会暴露，遭到冒顿率兵追击。作为禁卫军首领的夏侯婴，建议刘邦率军不慌不忙地退兵，令禁卫部队在两旁护卫，保障刘邦所在的中军缓缓而行，最终化险为夷。

刘邦去世后，汉惠帝刘盈继位。他与吕后为报答当年夏侯婴救了惠帝、鲁元公主，在惠帝、吕后两朝，夏侯婴仍任太仆之职，位列九卿，宠信有加。吕后逝世后，陈平、周勃镇压诸吕，夏侯婴以太仆身份与东牟侯刘兴居废掉不明身份的少帝，亲自迎接代王刘恒入宫登帝位，即汉文帝。于是，夏侯婴又立了功。他历经高祖、惠帝、吕后、文帝四朝，极受宠幸，前后当了三十七年太仆。

同样是吏，等级差别却很大。刘邦的泗水亭长是最底层的小吏，而萧何却是沛县掾属中的主吏。在汉代，这一职位叫作功曹，而在秦代则以主吏相称，类似县衙署的办公厅主任或秘书长。主吏除负责掌管县衙的人事以外，还有权过问一县的政务，是县令的副手。沛县县令十分倚重萧何。萧何也确实尽忠职守，精明强干，文笔老到，上司十分欣赏他。更难能可贵的是他关心民间疾苦，刚正不阿，因而深得民心。

萧何是刘邦同乡，也是沛县丰邑人。他对刘邦这位充满传奇色彩的老乡十分好奇，认为刘邦虽然只是个市井的无赖，但无赖行径中却显出王者风度，宽容大度，沉得住气，真要干起事来，目标明确，锲而不舍，无论如何都不会半途而废，所以，当刘邦在沛县城内当无赖头子时，萧何尽量庇护他那种包庇娼赌的不法行径。后来，又是他建议“以毒攻毒”，劝说沛县县令任命刘邦为泗水亭长。刘邦上任泗水亭长以后，维持治安秩序取得的成绩有目共睹。但在行为上仍恶习不改，诸如醉卧酒肆之类，实在不成体统。自然会有人向沛县衙门举报或反映这种情况，但由于萧何一手把持沛县衙门的事务，当然不会向县令反映。时间久了，县令也听说刘邦的放荡轻狂，但当他问询萧何时，萧何始终一心维护刘邦，为他解围。朝中有人好做官，刘邦在县里有了萧何，便稳坐泗水亭长的位子。

秦始皇统一天下以后，在京城咸阳大兴土木，从全国各地征人去咸阳服徭役。沛县当然也在其中，要向咸阳派遣役夫。这可是个难题，役夫们早已习惯了稳定的生活方式，忽然千里迢迢去京城，水土不服，再加上沿途疲劳，生活艰苦，途中逃亡之人总会有。因此，必须派遣一个精明强干的人率领。沛县县令前思后想，认为刘邦这位亭长将混乱的泗水亭治理得井井有条，倒颇有能耐，便命刘邦带领本县役夫去咸阳服役。

刘邦在沛县待了这么久，既有在县城内当无赖头子的经历，又有当泗水亭亭长的经验。他集盗贼与捕快于一身，实在觉得沛县无法让他大展其能，这次带领役夫们去咸阳，可以到京城去见识世面，像出笼的小鸟一样兴奋。

刘邦受命后，准备行装，招募役夫，编制队伍，择日动身。出发的那一天，一班相识县吏都来送行，并每人送二百文钱作为路费。只有萧何给的最多，有五百文。刘邦一一谢过众人，告辞而去。

刘邦的咸阳之行，是他一生中的转折点。刘邦抵达咸阳城，办完公事，就在城里闲逛数日。高大的城墙，华丽的车马，使他大开眼界，感慨万千。这时秦始皇健在，驾车巡视于都城中。刘邦在旁遥望，的确威武异常，至御驾经过，他仍然瞧个没完，大发感叹：“大丈夫当如此也！”

刘邦出身农民，地位卑微，没有项羽那样显赫的家世背景。所以，他说不出“彼可取而代之也”这种大逆不道的话，而仅仅羡慕地感慨“大丈夫当如此也”，含蓄地流露了自己的抱负。他说的“大丈夫”到底指谁？是指秦始皇？还是指他自己？大概刘邦当时也没仔细想过。但无论如何，他内心的躁动毕竟反映了出来，他再也不满足于在小县城中当无赖头子或地方小吏了。这种刚刚萌生的模糊愿望，一旦外部条件改变，便上升为他孜孜以求的人生目标了。

同样对秦始皇出巡发表感慨，项羽开门见山地说“彼可取而代之也”；而刘邦却拐弯抹角地说是“大丈夫当如此也”。两人的不同的表达方式与所用语言，不仅体现了两人在年龄、经历和气质上的差异，也体现了两人不同的性格特征：项羽阳刚而刘邦阴柔。这种不同的性格特征，深刻地影响着两人各自的命运和结局。

刘邦完成咸阳的使命之后，带领役夫们平安返回故里。沛县县令对刘邦大加赞赏，但并没有给他升官，仍让他继续做泗水亭长。萧何则官运亨通。秦代实行郡县制。沛县是泗水郡下属的一个县。郡的长官有守、尉、监，三人相互牵制，以利于中央集权。守指郡守，是郡的最高行政长官；尉指郡尉，是郡守副手，负责军事，统帅全郡的兵卒；监是监御史，又称侍御史，负责监郡，也就是监督郡守、郡尉与其他官吏；假如发现郡的官吏有不轨行为，有权独立上报朝廷。泗水郡监御史视察沛县，与萧何研究怎样处理案子。萧何在讨论中条理清晰，头头是道，监御史十分欣赏他，将他提升为泗水郡卒史。卒史虽是郡衙的属吏，但俸禄百石，有较高的身份与收入。一郡有十名卒史，萧何在年终业绩考核中名列第一。于是，监御史打算举荐萧何入朝为官，但在当时萧何已经认为大秦帝国命不长久，没必要到朝廷中涉险，倒不如留在泗水郡，熟悉环境，万一天下有变，则能进能退。因此，他极力推托，自称才疏学浅，又恋家，不愿离开故乡。监御史见他态度坚决，也不便强求。

泗水亭离泗水郡治所不远。萧何在郡的衙署内当卒史，由于长官欣赏他，在衙署内红得发紫，更便于照料和庇护刘邦。刘邦自从咸阳返回，思想改变了，再也不满足于在酒肆内与老板娘打情骂俏了。他希望做大丈夫，有意结识市井中的豪杰之士，为他起家逐渐奠定了基础。这些人以后都是刘邦的忠实部下、汉朝的开国功臣。

他们都是谁呢?

曹参，他也是沛县人，并且担任沛县的狱掾，类似监狱长。他是主吏萧何的属下，称得上萧何的得力助手，在沛县被称为豪吏。曹参与萧何相处得很好，十分顺从萧何，两人共同维护刘邦。虽说他俩当时在沛县的地位刘邦都不可企及，但他们却很佩服刘邦，认为他绝非凡夫俗

子，一旦天下有变，必定叱咤风云，建立丰功伟业。刘邦在沛县举兵当上沛公以后，曹参在刘邦手下做中涓。中涓后来是对宦官的称呼，但在当时是侍卫中的军官。曹参在秦末做狱掾，刘邦正是量才录用才任命他做中涓。曹参骁勇善战，舍生忘死，屡立战功，曾把三川郡守李由率领的秦军打得落花流水，并斩杀李由。在刘邦与项羽兵分两路攻咸阳的过程中，他充当刘军的前锋，战无不胜，生擒秦军的南阳郡守，平定南阳郡，攻破武关，使咸阳城唾手可得，在攻克咸阳、灭掉秦朝的战争中功不可没。项羽封刘邦为汉王后，升迁曹参为将军，随刘邦还定三秦。后来他追随韩信，攻占魏地五十二城；大败赵军，除掉赵相国夏说；大败楚军，杀楚军大将龙且；占领齐国，占据齐地七十余县。韩信率军会师刘邦，与项羽在垓下决一死战时，曹参留在齐地平定那些仍在负隅顽抗的县城与齐军中的残兵败将。项羽死后，刘邦称帝，对臣下论功行赏时，诸将都说平阳侯曹参负伤七十处，攻城略地，功劳最大。但刘邦觉得萧何应排第一，又不便公然偏袒。关内侯鄂千秋为讨好汉高祖，当众进言，反对群臣的意见，认为曹参虽有不少战功，仅仅是一时之事。皇上与楚军对峙五年，屡次战败，被迫逃亡，而萧何总能从关中给予支援，使队伍重整旗鼓。汉军与楚军在荥阳相抗，军中粮食供应不足，萧何转漕关中，解了汉军燃眉之急。高祖转战中原，多次被破，萧何确保了关中这个大本营，实在是功不可没，一百个曹参也不及也。怎么能把万世之功放在一旦之功后面呢？这不是主次颠倒了吗？论功劳，萧何当属第一，曹参第二。这一番话正中刘邦下怀，刘邦立刻下诏：萧何功叙第一，赐带剑上殿，可自由出入。鄂千秋也得了好处，从关内侯提升为安平侯。那一天，封赏萧何父子兄弟十余人，都赐有封邑。刘邦再加封萧何二千户，这是由于刘邦当年率役夫去咸阳服徭役时，萧何比别人多送了三百文的路费。萧、曹原是旧交，关系甚密，但自此以后，二人有了隔阂。

汉惠帝二年（公元前193年）萧何垂死。惠帝刘盈去探望他，在病榻前询问："相国百年之后，何人能胜任？"萧何回答："陛下应当知道臣的心意。"惠帝说："曹参如何？"萧何点头道："主上真有眼力，臣死也瞑目了！"曹参当时在齐国任丞相，得知萧何逝世的消息，便吩咐打点行装，说："我将去朝中任相国了。"不久，朝中果然派使者召曹参入朝为相。曹参出任汉相国后，终日以酒相伴，处理一切事情都原封不动地依照萧何的约束。惠帝刘盈对此不解，觉得曹参看不起自己年少，便托曹参的儿子相劝。不料曹参大发雷霆，将儿子一顿毒打，几乎不能走路了。惠帝心中过意不去，早朝时责怪曹参不该打儿子，说都是自己的意思。曹参问惠帝："陛下自认为比高祖如何？"惠帝说："朕怎么敢与先帝相比？"曹参又说："陛下觉得臣比起萧何，谁更贤？"惠帝说："他似乎在你之上呢！"曹参说："陛下说得不错！高祖与萧何定天下，已明法令，今天我们认真加以遵循，不就行了吗？"惠帝听了，心悦诚服。于是萧规曹随的佳话千古流传。

卢绾也是沛县丰邑中阳里人。卢、刘两家是邻居，二人的父亲交往密切，十分投缘。刘邦出生的那一天，卢家也得一子，便是卢绾。两家同时得子，轰动了中阳里，里中父老纷纷去两家道喜。卢绾与刘邦一块儿长大，一同读书，情同手足。里中父老认为卢、刘两家同日得子，两家儿子长大后又同窗学习，亲密无间，乃大吉大利之兆，于是又送上羊羔美酒去两家庆贺。

卢绾性情温顺，对刘邦信服得五体投地，平时不离其左右，对其唯命是从。刘邦离开中阳里，到沛县去闯荡，卢绾也尾随前去。刘邦在沛

县城内为了做无赖头子而与人打架，扰乱了治安，成了官府的通缉犯。他只好到山林沼泽藏身，手下的小混混都一哄而散，但卢绾却一直追随刘邦，出入山林，供应刘邦的衣食，把个人安危置之度外。后来刘邦在沛县起义，卢绾一直形影相随。刘邦进入汉中称王后，封卢绾为将军。刘邦向东攻打项羽时，封卢绾为太尉。刘邦的卧室，他可以随意出入。萧何、曹参虽是刘邦的左膀右臂，但也都礼让有加，而卢绾则堪称心腹。

汉高祖刘邦称帝以后，论功封赏，刘家之外有七人被封王。刘邦想封卢绾为王，又担心群臣不服，有意要群臣举荐功臣。群臣明白皇上意图，纷纷举荐卢绾。汉五年八月，汉高祖封卢绾为燕王，是最受宠幸的诸侯王。

周勃也是沛县人，他出身卑微，靠编织苇箔过活。我国古代席地而坐，桌椅到唐朝才出现。苇箔既可铺地，又可用来养蚕，十分有用。但这只是小生意，况且周勃尽管身强体壮，能拉开十石以上的强弓，却不善于编织苇箔。他虽然整天编箔，但仍难以糊口。幸好他还有别的本事，会吹笙箫。别的人家一旦有红白喜事，便赶去表演。假如是丧事，混顿豆腐饭轻而易举；如果是结婚大喜，便可吃顿丰盛的了。况且不管婚丧，除了能填填肚子外，主人多少总得赏钱，可以用来改善一下生活。刘邦在沛县起义后，周勃很早便追随他，也做中涓。他骁勇善战，攻城时总是冲在最前面，屡立战功。刘邦为砀郡长时，封周勃为虎贲令，统领禁卫军。刘邦率军攻打咸阳时，周勃的战功仅在曹参之下。刘邦称王后，周勃提升为将军，随刘邦还定三秦。楚汉战争中，他镇守敖仓，保障了汉军的粮食供应。项羽死后，他领兵平定楚地，夺取二十二县。后来，他又为刘邦铲除异姓诸侯王，被封为绛侯。在汉攻打匈奴时，他又冲锋在前，战功显赫，被升为太尉，位列三公。三公即丞相、太尉、御史大夫，高于九卿。周勃为人，淳朴忠厚，不善言辞，汉高祖觉得他可委以重任。刘邦临终前，吕后问他："陛下百年之后，假如萧相国死去谁能取代？"刘邦说："曹参。"吕后又问："曹参死后，又是何人？"刘邦说："王陵可为相，但王陵略微木讷，陈平可以协助。陈平机智过人，但难以独当一面。周勃稳重谨慎，能担大任。可以命他当太尉。"刘邦死后，吕后依次任命以上各人为相。吕后死后，朝政被诸吕把持，眼看吕氏要取刘家而代之，果然是周勃联合陈平，除掉诸吕，扶助代王刘恒为帝，匡复汉室。

樊哙也是沛县人，是个靠杀狗过活的屠夫。在古代，狗为六畜之一，与猪、牛、羊等家畜一样主要用作食物，并被认为是冬天进补的佳肴，韩国、朝鲜等国至今仍维持这一习俗，过春节时一定要吃狗肉。樊哙为人，粗中有细，不善言谈，身强体壮，擅长击剑，最难得的是他十分效忠刘邦，后来娶了吕雉的妹妹，成为刘邦的连襟。刘邦早在沛县城内称王称霸时，樊哙就是刘邦最强有力的打手，后来刘邦隐匿山野避祸，樊哙形影相随。刘邦沛县起事时，他首先参加。在战场上，樊哙冲锋在前，战功累累。刘邦赴鸿门宴时，项庄舞剑，意在沛公，若非樊哙勇闯营帐，在项羽面前还以颜色，刘邦命已休矣。连霸王项羽对他的勇武忠诚，也敬畏三分，在鸿门宴上对他以壮士相称，赐以酒肉。楚汉战争中，樊哙骁勇善战，是项羽的一大障碍。刘邦称帝以后，樊哙被封为舞阳侯。

但是，在刘邦的沛县人马中，萧何在当时地位最高，权势远非刘邦可比。萧何有自知之明，情愿听命于刘邦，誓死追随刘邦举事。在楚汉相争中，萧何向刘邦举荐韩信为大将，自己镇守关中，保证粮食供应，

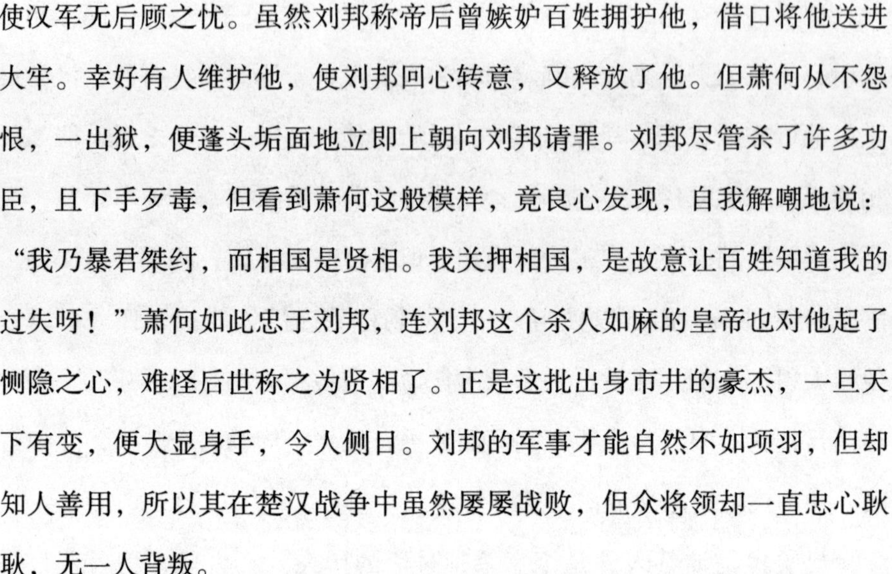

使汉军无后顾之忧。虽然刘邦称帝后曾嫉妒百姓拥护他，借口将他送进大牢。幸好有人维护他，使刘邦回心转意，又释放了他。但萧何从不怨恨，一出狱，便蓬头垢面地立即上朝向刘邦请罪。刘邦尽管杀了许多功臣，且下手歹毒，但看到萧何这般模样，竟良心发现，自我解嘲地说：“我乃暴君桀纣，而相国是贤相。我关押相国，是故意让百姓知道我的过失呀！”萧何如此忠于刘邦，连刘邦这个杀人如麻的皇帝也对他起了恻隐之心，难怪后世称之为贤相了。正是这批出身市井的豪杰，一旦天下有变，便大显身手，令人侧目。刘邦的军事才能自然不如项羽，但却知人善用，所以其在楚汉战争中虽然屡屡战败，但众将领却一直忠心耿耿，无一人背叛。

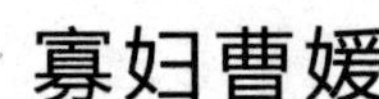

寡妇曹媛

刘邦没有一技之长，不会做生意，无有进钱的来源，吃酒、交友十分困难。开始他厚着脸皮找熟人蹭饭吃，三次以后，无人再去招呼他。其间，为了挣钱，他专门为别人去讨账，从中抽取微薄的辛苦费。可是，在遇到不愿意还账的人时，他只好在人家的院子里直挺挺躺在地上装死。刘邦用的是老牛大憋气的技能，一次可延长数分钟不呼吸。欠账的人家见此才慌了手脚，慌忙凑齐所欠钱数，如数交给刘邦，尽早送走这个无赖之徒。同时，为财东看家、护院、守墓地，总之，只要付钱，他就乐意去干。一旦得来钱财，他就约朋友吃酒。刘邦尽管贫穷，对朋友却从不吝啬，有钱就花，无钱再去挣。总之，他身上从无过夜的银两。潦倒时，他也可以三天三夜不吃喝，倒地蒙头大睡。

既然刘邦对朋友义气，朋友中也不乏知心人，如养狗、屠狗、卖狗肉的樊哙，只要遇见刘邦，非要送上一块狗肉，二人必对饮一番，直到酩酊大醉才肯罢休。那位专为县令驾车的夏侯婴，更不把刘邦当外人。狱令任敖，在官场走动的县吏萧何、狱吏曹参，以及周苛、周昌兄弟，他们手头一旦稍有零钱，便不忘接济刘邦，以至县城的青皮混混们很是看得起刘邦，他们从来不敢为难他，只管在难处拉他一把。所以，刘邦虽身无分文，总也活得风光体面，像个人样儿。

就这样年复一年，当刘邦熬到三十岁时，仍是光棍一条，从来无人给他说媳妇。世人当然清楚，即使给他娶上一个媳妇，他也无法养活，媳妇只能跟他吃苦受累。可是这世上就有双眼瞎蒙的糊涂虫，她就是年轻寡妇曹媛。

有道是男人心软必定讨饭，女人心软必定养汉。刘邦第一次受曹媛恩惠是在一次暴雨中，刘邦喝醉了酒，无遮无拦在大雨中受淋。曹媛看到了，心中怪疼惜他，便将他拖到自己院子里。当刘邦昏睡一天一夜之后醒过来时，心中不解，嘴里反复自语："咦，我怎么在这儿躺着呢？"曹媛并不言语，只顾埋头做自己的家务。刘邦自感羞愧，便灰溜溜走开了。

自从第一次见到这个曹媛，刘邦便心猿意马，无心吃喝，无意游荡，只是绕着曹媛的家门左转右转。后来，他索性从樊哙处讨来一条狗腿，大大咧咧跨进曹媛的家门。

颇感惊讶的曹媛说："我与你非亲非故，为何拿礼上家门？"

“是啊，非亲非故的，你为何把我从雨中拖进你家，如此这般照顾我？”

曹媛的脸面蓦地红云密布，心头狂跳不已，她张了张嘴巴也没有吐出话儿。刘邦这时早就欲火烧身，看到此情此景，丢下手中的礼物，窜上跟前，把曹媛紧抱在怀里。开始，曹媛还愤怒地吵骂，表示反对，可慢慢地，竟伸出纤纤双臂，搂住刘邦的脖颈，且越搂越紧，嘴里喃喃地说：“把我抱起来，床铺在东间……”

从此，刘邦就像长在曹媛家里一样，活计干得不多，饭菜吃得不少，游手好闲，日甚一日。这曹媛对此不管不问，便更加助长了刘邦的懒散惰性。周围的邻居心知肚明，但从不明说，一个个只想待在一旁看哈哈笑。

只有曹媛家一门近房的大伯，实在忍无可忍，便对曹媛说：“丧夫守寡的人自古有之，想再寻新夫的大有人在，可是像你这样，一家不一家，两家不两家的人真是天下难寻。”这话不言自明，要么抬身嫁给刘邦，名正言顺做他的妻子；要么跟刘邦绝情，一刀两断，清清白白守寡度日子。

当天夜里，两个人一番亲热之后，曹媛就把亲戚的话原原本本学给刘邦听。接着追问他：“你打算啥时候把我娶进刘家的门？”

刘邦说：“吃饼吃馍都是为了肚子饱。只要你我互不嫌弃就行。”

“人活一张皮，脸面值千金。”

“那是吃饱了撑的没事人说出的话儿，咱们两个饥人顾不了这么多了，只要快活就行。”

曹媛拗不过刘邦，只好一切随着他的性子行事，从不阻拦。

热热闹闹过了两年，曹媛有了身孕。

“什么？你说什么？你怀上我的孩子了？”

曹媛白了刘邦一眼：“这还能有假？”

刘邦高兴得跳起来：“我有儿子了，我有儿子了！”

麦收时节，曹媛真的生下一个大胖小子，刘邦高兴至极，随口说：“就叫他刘肥吧。”

别人暗合生了孩子，不是溺死就是送给别人收养，怕的是孩子将来无颜面活在世上。刘邦则完全相反，他心大，什么都能装，生孩子我养着，谁爱说闲话就说吧。

孩子满月后，他专门把朋友请来，办了几桌酒席，席间还故意把孩子抱出来，让朋友评判像不像自己。

从此，为了让曹媛跟儿子有吃有喝，刘邦张罗着给她在路边开了一家小吃铺。因为有刘邦照应着，铺子里的生意有声有色。

吕公嫁女

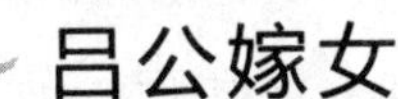

刘邦既有外妇，又有儿子，觉得有没有家无所谓，自己独身反过得自在。于是娶妻一事，根本不放在心上。恰好萧何等过来闲谈，提及从单父县来了一位吕公，名父字叔平，与县令交好。此次到此避仇，携家带口，县令便安置他们住在城中，凡为县吏，应表示心意。刘邦即答道：“贵客驾到，理应重贺，刘邦一定赴约。”说毕，大笑不止。萧何

尚不知道刘邦的心思，匆匆告辞。那么，吕公是何等人物呢？吕公是单父县的豪门望族，家财万贯，土地千顷，十分富有，并且为人乐善好施，爱结交江湖侠士，在当地影响很大，所以大家都尊称他为吕公。单父县另一家姓卞的，也是豪门富户。他仗势欺人，蛮横霸道，乡民都敬而远之。吕、卞两家田地相邻。一天，两家的庄户为了争夺毗连土地上的田垄而争吵，互不相让。双方先是对骂，言语不堪入耳，连对方的庄主也受牵连。随后，双方大打出手，挂了彩，事后，吕公听了庄户的哭诉，试图劝慰庄户就此作罢。卞姓大豪却不这么想，他向来觉得一山难容二虎，早对吕公心存不满。这次听庄户哭诉，声称吕家藐视卞家，连他家的庄户都敢当面辱骂我家庄主，不禁恼羞成怒，命本庄庄丁抓来吕家的那名庄户，吊在厅堂的屋梁上拷打。打得吕家庄户哭天喊地，卞姓大豪却仍不罢休，声称要打狗给主人看，看究竟谁厉害。等到他尽了兴，放下那名庄户时，已是两眼翻白、奄奄一息了。卞姓大豪命庄丁抬送那名打得半死不活的庄户到吕家去，灭灭吕公的威风，给他点颜色看看，让他知道姓卞的厉害！

吕公虽为人谦和，但也不怕硬，别人都欺负到头上来了，他当然要为自己的庄户讨个说法。卞姓大豪根本不屑一顾。吕公怎肯善罢甘休。正所谓不是冤家不聚头，两人在路上相遇。吕公严厉斥责卞姓大豪，那姓卞的满不在乎，冷冷地说："姓吕的，你竟然想维护自己的庄户？你难道骨头发痒，也想挨揍？在单父县，本老爷想干什么谁都管不着，知趣的话，快跪下磕头求饶。不然，哼哼，你就像那庄户一样！"吕公恼羞成怒，上前一把揪住他胸口的衣服，要拉他去官府评理。卞姓大豪一拳挥过来，吕公及时闪躲，两人便大打出手。双方的随从也相互厮打起来。卞姓大豪虽值壮年，但因酒色虚耗了身子，不堪一击，刚几个回合，便已上气不接下气，而吕公早晚锻炼身体，精通拳棒，反而占了上风。卞姓大豪见无法招架，便拔出佩剑刺向吕公。吕公飞起一脚，将他手中宝剑踢飞，顺手捡起来一刺，正中心脏，卞姓大豪便一命呜呼。这一下事情闹大了，吕公眼见无法在单父县继续待下去，为了躲祸避仇，便携家带口迁往沛县。他与沛县县令交好，这次吕公全家投奔沛县求他相助。沛县县令自然不会怠慢，为他安排住宿，并多方奔走，尽力平息此案。当时对民间的刑事案件，只要肇事者远走他乡，最后也就不再追究。吕公家财万贯，宁愿花钱消灾，又有沛县县令庇护，自然有惊无险。

在沛县境内吕公是新迁入的外地人。沛县县令为了使吕公能跻身当地士绅之列，便在县署为他大摆筵宴，并以县令的名义，广邀沛县的乡绅与豪杰赴宴，庆贺吕公落户沛县，为他接风、洗尘。沛县有势力的人得知此事，纷纷致贺，竞相赴宴，以一睹吕公风采。这一天，刘邦如约进城，打听到吕公住处，便直接进了门。萧何已在厅中，替吕公收受贺礼，一见刘邦到来，便向众人宣布："贺礼少于千钱，须坐堂下！"刘邦仗着与萧何相熟，便在名帖上故意写着"贺钱一万"，前往拜见，却并不带一文。当有人入报，吕公接过名帖看罢，见他贺礼尤为丰厚，大吃一惊，便亲自迎接，引他去上座。经一番端详，见他日角斗胸，龟背龙股，实在与众不同，便礼敬有加，特别优待。萧何知道刘邦缺钱，在旁边嘀咕："刘季爱说大话，恐怕是假的。"吕公听到不以为然，待至酒肴已备，居然请刘邦坐首位。刘邦也不客气，居然心安理得充当首席嘉宾。萧何虽维护刘邦，但内心也认为刘邦今日之举实在过分，倒是吕公认为刘邦胆识过人，豪气盖世，始终对他另眼相待，礼敬有加，频频劝酒，反而冷落了众吏。至于刘邦本人连县令都不给面子，更何况其他

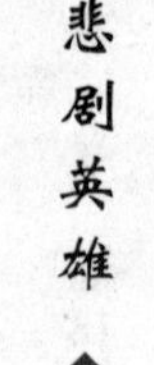

人。他洋洋自得，高谈阔论，目空一切，在宴席上大出风头。

酒过三巡，醉意已浓，不少宾客已经告辞退席。刘邦正打算离开，只见吕公使眼色挽留他。他想，今天的酒席上，自己出尽风头，接下来祸福难料，吕公固然对自己一片盛情，那县令却一肚子气，不知道日后会如何还以颜色！想到这里，不免消退了三分豪气。他原本已起身又重坐下。这时，他再次起身，正欲告辞，只见吕公再次用眼色知会他，努了努嘴，表示挽留。这一下刘邦有些摸不着头脑。不明白吕公究竟为何挽留他。好吧，既来之，则安之，听天由命，留下就留下吧。席终人散，宾客们都已离开。刘邦醉意甚浓，是席上最后留下的客人。主人一方，只留下县令、吕公、萧何三人在场，别的人都已退席。吕公一语惊四座，他对刘邦说："仆自幼爱好相术，相人甚多。季兄之相无人能及，愿季兄自爱，自有一番作为。小女吕雉，才貌不俗。仆愿命小女为季兄奉箕帚，不知季兄意下如何？"此语让县令与萧何大吃一惊。"奉箕帚"是嫁人的谦称，指嫁人后做家务，每天要手持簸箕、扫帚扫地。吕家乃豪门，竟将爱女下嫁无赖刘邦，真是不可思议。刘邦听后，也大呼意外。他递进"贺钱一万"的名帖，其实没拿出一文钱，实有捣乱之嫌，结果不但没有经受一番责打，却反而被以上宾相待，美美饱餐一顿，已经占尽了便宜，不料一个妻子又从天而降，真是太难以置信了。他连忙推托："小人何德何能敢娶吕公爱女？吕公岂可当真！"

吕公微微一笑，说："季兄千万别误会。婚姻大事，岂可儿戏？小女虽富家出身，却遵循礼教，深谙三从四德，嫁后必定孝顺公婆，伺候夫君，绝不会娇蛮任性。季兄不必有所顾忌！"刘邦见吕公很有诚意，心花怒放，连忙拜倒在地，说："岳父大人在上，受小婿一拜。"吕公立刻搀扶，说：“贤婿请起！”县令、萧何见婚事已成，又是一喜，先后祝贺双方。接风宴变成了订亲宴。于是，县令命人重摆宴席，尽欢而散。

这桩婚事的影响非比寻常，从此沛县县令对刘邦另眼相待。他曾向吕公求娶其女吕雉，遭吕公婉拒，如今吕公竟将女儿下嫁刘邦，他不由对刘邦起了戒心。萧何虽原本就重视刘邦，但也有几分轻视，自此以后，轻视之念全无，反而敬畏刘邦，甘心对他唯命是从。吕公告知妻室，已将娥姁许配刘季。娥姁即吕女小字，单名为雉。吕媪得知后很不高兴：“君谓女儿天生贵相，必配贵人，沛令与君相熟，为何却拒绝他的求婚，下嫁刘季？难道贵人便是刘季吗？”吕公道：“这事你无从得知，我自有眼光，绝错不了！”吕媪心中仍有不满，但最终还要随夫，便静待吉日。吉期转瞬间已至，刘邦身穿礼服，前来迎娶。吕公即命女雉装束停当，送上花轿，随刘邦同去。刘邦回到自家，接女下轿，夫妻交拜后，又拜见太公、刘媪，便引入洞房。掀掉盖头，见新娘美丽端庄，光彩照人，刘邦顿生爱怜之心，就携了吕女玉手，共度良宵。吕雉当时是十六七岁的少女，容貌虽然俏丽，却是英气多，而妩媚的女人味少了点。刘邦娶了吕雉后，对她也有几分敬畏，偶尔仍在外寻花问柳，只是不如过去那般放荡。吕公的话一点不假。吕雉虽富家出身，但知书达理，安守本分。刘家是个庄户大家，由大哥刘伯安排田里的活，家务则由长嫂即刘伯之妻管理。长嫂不喜欢刘邦，吕雉也遭连累，被长嫂任意使唤，整天忙碌。吕雉生性刚毅，能忍辱负重，既然已嫁入刘家，便逆来顺受，脱下嫁衣后立刻下厨，做饭、洗衣什么都干，又送与各位嫂子一些陪嫁中的首饰，以示敬重。长嫂当然要多送一份，刘伯之妻出身小户人家，见识短浅，自此便善待这位弟媳，吕雉的日子也好过多了。

光阴似箭。后来，吕雉做了皇后，称为吕后。吕氏嫁到刘家，生下一男一女。子名刘盈，就是后来的汉惠帝。女名刘元，后来食邑于鲁，即鲁元公主。

刘邦为亭长，除请假回家探亲外，于亭中常住。吕氏照顾儿女，在家度日。刘家非豪富之家，靠种田过活，吕氏嫁夫随夫，有空也到田间锄草。一日，一老人恰好经过，看了好一会儿，向吕氏讨水喝。吕氏顾他年迈，回家给老人取汤，老人喝完，问及吕氏家世，吕氏给他说了个大概。老人道："日后夫人必当大贵。"吕氏禁不住笑了，老人道："我平日常给人相面，夫人实乃大福大贵之相。"吕氏半信半疑，又带儿子来请老人相面，老人抚摩他的头，带着惊讶说："夫人所以致贵，便是因为此儿。"又看看女儿说："此女也是贵相。"说完便离开了。刘邦恰好归家，吕氏把老人的话告诉了他，刘邦问吕氏道："老人离开多久了？"吕氏道："时候不多，应该还没走远。"刘邦便大步去追，没走多远，果见老人蹒跚前行。便叫道："老丈会相面，给我看看如何？"老人听到回过头来，停住脚步，即上下打量刘邦，便道："君天生贵相，我所见过的夫人子女，必定是你家人。"刘邦点头称是。老人道："夫人子女，都因足下得贵，足下实在大福大贵。"刘邦高兴地说："将来果如老丈言，定当相报！"老人摇头说："这不足挂齿。"说着便离开，不知所踪。刘邦兴汉以后，派人寻找，却杳无音信。只是当时福运未至，还不能急于发迹，只好暂做亭长，等候时机。

闲暇的时候，刘邦想出一种冠的样式，打算用竹皮制成。手下有两名役卒，一个看守门户，负责打扫；一个负责捉拿罪犯。刘邦向他们询问，是否知道能做这种冠的师傅，负责捕盗的役卒说，薛地有能做这种冠的冠师。刘邦便派他去役卒十几天后回来，呈上新冠，七寸高，三寸广，上平如板，刘邦十分满意，于是就戴在头上，这就是刘氏冠。后来成为一项制度，必爵登公乘，才能戴刘氏冠。这乃是汉朝独有的，为刘邦发迹前创出，后人称它鹊尾冠。

斩蛇起义

秦二世元年，秦二世皇帝胡亥大兴土木，加紧秦始皇骊山陵的建造，向全国各地大规模征发役夫。刘邦过去曾率沛县役夫去京城服徭役，这次又当此任。沛县县令命刘邦以亭长的身份率领沛县三百徭徒去骊山陵服役。骊山陵即秦始皇的陵墓，其修建始于秦始皇初即帝位时，历经十余年，使用役夫多达七十多万，规模之大，绝无仅有。秦始皇的寝陵是骊山陵的主建筑。在地表部分，要在骊山山麓建造一座全长两公里、高达一百米的土台；而地下的秦始皇的地宫是最宏伟而艰巨的工程。在地宫内，用铜壁浇铸寝殿周围。地宫内上具天文，下具地理，日、月用玉石做成，高悬穹顶，点缀其间的星星用明珠做成，地面上用水银灌注成百川大海，依靠机械的力量，使水银永远流转。地宫中还用娃娃鱼的鱼膏制成蜡烛，日夜不熄，把人工制成的日月星辰、山河大地照亮。寝殿内各种珍宝古玩、明珠黄金遍地都是，并按照宫殿的体制，设置御座和百官的席位。为了防止后人盗墓，地宫内机关重重，一旦有人进入，必定触动机关，立刻使其丧命。秦二世皇帝下令：凡是先帝后

宫中的妃嫔宫女，没有生儿子的，全部殉葬。

有三种人参与建造骊山陵：一是徭徒，即从各地征发的役夫；二是犯人；三是各种工匠。骊山陵工程庞大，地宫最先造好。奇珍异宝遍布地宫中的寝殿内，为了保守寝殿与地宫开关的秘密，工匠们全部被关闭在墓道内，关闭通往寝宫与外出的两道门，他们便被活活闷死、饿死。然后堆土在地面上造山，种上草木，而所有役夫也都无一幸存。这样一部分建筑造好参与修建的役夫就被处死。骊山陵工程浩繁，直至秦朝灭亡，外围工程尚未竣工，如秦俑四号坑没有完工而遭废弃，便可证明。所以没来得及完全处死参与造骊山陵的徭徒、罪犯。不然，假如杀完了建造骊山陵的人，陈胜起义时，秦将章邯如何发骊山之徒去平定周文军呢？

刘邦奉命率领役夫去骊山陵时，秦始皇的地宫已经竣工。但是地表堆土造山以及外围工程如兵马俑坑等仍在进行，秦二世急于结束骊山陵的工程，以同时扩建阿房宫，因此从各地不断征发役夫。当时已逐步传开秦廷处死工匠、役夫的消息，监督骊山工地的官吏又不断催促，役夫不分昼夜做苦工，大批死亡。所以，人们一听说去骊山陵服役，就知道性命难保。刘邦虽然只负责遣送役夫去骊山，完成交接队伍的手续后可以回来，但是这批役夫明知去送死，又怎么能服服帖帖赴骊山陵工地报到呢？假如有人中途逃亡而又未追回的话，依据秦律，要严厉处分带队的亭长，甚至可能丢了性命。因此，刘邦这次面临的任务不同于上次，是个大难题。沛县县令命刘邦带队，或许是仍对当年情场失意耿耿于怀呢！刘邦率领三百名沛县役夫动身，赶往遥远的京城咸阳。旅途的艰辛不必多提，最可怕的是一路上听到不少传闻，声称骊山陵是一座大坟墓，有进无出，不少活生生的健壮汉子都死在里面。在那里，劳累和疾病杀死了许多人，即便熬到工程竣工，为防止泄密同样要受死。所以一出县境，便有好几名役夫逃走了，再前进数十里，又不见了好几个，到晚间投宿客栈，第二天早上又有几人走失。为了避免逃亡，便于押送，役夫的双手都在身后捆绑着，并且用长绳将役夫们逐个连在一起，但即便如此，依然有人逃走。尤其是晚上，他们串通值班的一块儿逃亡，根本无从防范。派人追捕吗？追捕的人也有去无回。刘邦清楚他报到无异于送死。押送役夫严重失责，依据秦律当斩。刘邦孤身一人，追赶、禁压都不成，实在无可奈何，边走边想，到了丰乡西面的大泽中，干脆停下不走了。泽中有亭，亭内有人卖酒，刘邦最爱喝酒，何况心中正愁闷，要借酒消愁，立刻席地而坐，并让大家都歇息，自己独自痛饮，一直到太阳下山，仍未上路。

既而来了酒兴，刘邦对众人说："君等假如去骊山，必充苦役，性命难保，回家不得，我现在把你们全放了可好吗？"大家正求之不得，听了刘邦所言，真是感激涕零，连连道谢。刘邦把他们逐个解开，挥手让他们离去，众人又担心刘邦因此而获罪，便问刘邦道："公可怜我们，放了我们，此恩此德，永世不忘，但公将如何复命？"刘邦大笑道："你们都走了，我也只有远走高飞，难道还回去送死吗？"役夫中有人感念刘邦的仗义，不忍离去，便说："刘公如此仁义，我数人愿意跟随共同保卫，怎可轻易离开。"刘邦道："去留由你们决定。"于是十数人留下来，其他的谢过刘邦，纷纷离开。

刘邦乘着酒兴，夜间赶路，十几个壮士前后相从。因担心被县中知道，没有从正道走，而是从沼泽间小路依次行进。小径坎坷崎岖，天又黑，放不开步子。刘邦又醉眼蒙胧，缓步向前，忽听前面一阵喧哗，疑心油然而生。正要详加问询，那前行的回来报告说有一数丈长的大蛇挡在道上，不如走别的路。刘邦没等他说完，便勃然道："咄！壮士行

路，怎么能被一条蛇吓住？”说着，独自冒险前进。探路者所言属实，果然有一条大蛇盘踞在沼泽间小径上。这时，那大蛇正微闭着眼在小径中蜿蜒游动着。刘邦酒后有胆，冲上前去就是一剑，正好砍向那大蛇的七寸处。剑光闪过，蛇已身首异处，断处一股血水喷出，流在地上凹处，形成一个血泊。刘邦复又用剑把蛇拨到一边，安然通过。走了大概数里，酒气上来了，疲惫不堪，就找了个僻静地方，坐下打盹，后又卧倒地上，酣睡一晚。一觉醒来，天已亮了。这时，众人来到了刘邦睡觉的地方，叫醒他，其中一个人说：“怪极！怪极！”刘邦连忙询问，那人道：“我们遇到一个老妪，在那边哭得很伤心，问她为何悲伤。老妪说她儿子被人杀了，当然伤心。我们又问她儿子为何被杀，老妪用手指着路旁死蛇，又向我们哭诉，说我子系白帝子，化蛇当道，今被赤帝子斩杀，说完又老泪纵横。我们想老妪是不是疯了，把死蛇当作儿子，于是便要打她，没想到我们还来不及动手，她就不见了。这实在是咄咄怪事！”刘邦默不作声，心想蛇为我杀，怎么会说什么白帝赤帝，虽然荒诞，但也必定事出有因，将来必有验证，莫非我真要做皇帝吗？

在这乱世之中，没有不可能的事，我刘家怎么就不能拥有天下呢？我刘季为什么就不能当皇帝呢？追随刘邦的十余人，原先只是信服刘邦，如今却敬畏他了。先后出现那么多神秘的预兆，尤其是斩大蟒这件事，不是在表明真命天子为刘邦的天意嘛！于是，所谓汉高祖斩白蛇起义便流传下来。实际上，当时刘邦率领的这支小小的队伍，不但称不上起义军，连流寇都不是，充其量只是集体逃亡，是一批性命堪忧的亡命之徒。至于上面这段史实，不可尽信，至少有些夸张，并且渲染和虚构的成分不少。刘邦醉酒斩蛇、众人路遇老妪等，可能都是真的，但“赤帝子斩白帝子”“刘邦是赤帝子”之类，应该是虚构的。在古代，农民或游民举事，都要依靠天意、鬼神等迷信的力量，陈胜、吴广起义时就曾经“鱼腹丹书，篝火狐鸣”。刘邦的这段经历也差不多，真可谓“戏法人人会变，各有巧妙不同”。至于斩蛇之剑，据说也非凡器。战国秦昭襄王时，一日太公在田间行走，一村野之人送给他一柄古刀，说道：“此刀乃殷高宗用来杀鬼的。”太公接来一看，见刀三尺长，上面刻着字，无法辨认，于是向这个人道了谢，将刀常佩在身。后太公到丰、沛山中游玩，住了一些时日。偶然外出游走，忽然发现山泽之间有一人开炉冶铸，太公便走到旁边，坐下歇息。问那个人：“你在造什么？”冶工笑道：“吾为天子铸剑，公当守口如瓶，不能泄漏！”太公听了，迷惑不解，冶工发现太公身旁佩刀，认出是宝物，便问：“此刀来自何处？”太公把村野之人相赠之事告诉他。冶工道：“假如把足下佩刀，放入炉中铸炼，便成神器，能平定天下。”太公于是立刻解下佩刀，投入炉中，果真铸成一剑。冶工便把这把剑送给太公，要他斩杀三牲祭祀。后刘邦就用太公所赠此剑斩蛇。平定天下之后，此剑被奉为国宝，藏于宝库。剑上装饰七彩珠、九华玉；又以五色琉璃为匣，剑在匣内，仍流光溢彩。每经十二年磨洗一次，永葆其锋芒。每开匣拔剑，骤然生风，剑光耀眼夺目，不可正视。守库之人又常见有如云白气出于户外，蜿蜒的形状酷似龙蛇。吕后于是改库名为“灵金”。惠帝登基，遂将禁兵贮藏此库，取名“灵金内府”，一直传至西晋武帝时，此剑被焚毁，此是后话。

现在的问题是，应当向何处引领这支队伍？最好在既有深山老林掩护，又靠近沛县的地方。这样家人友好可以接济，万一有事，又可及时赶回沛县，毕竟他在沛县城乡颇有势力。于是，刘邦决定率这支小小的队伍在芒山与砀山之间的山泽岩石之间藏身。次日，他告诉跟随的徒

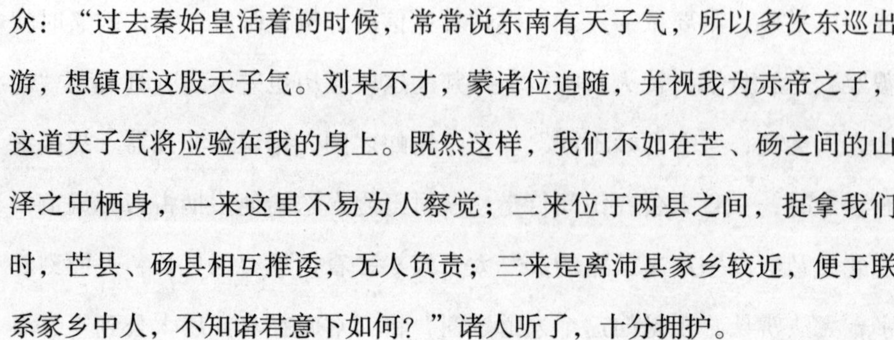

众："过去秦始皇活着的时候，常常说东南有天子气，所以多次东巡出游，想镇压这股天子气。刘某不才，蒙诸位追随，并视我为赤帝之子，这道天子气将应验在我的身上。既然这样，我们不如在芒、砀之间的山泽之中栖身，一来这里不易为人察觉；二来位于两县之间，捉拿我们时，芒县、砀县相互推诿，无人负责；三来是离沛县家乡较近，便于联系家乡中人，不知诸君意下如何？"诸人听了，十分拥护。

刘邦率领徒众栖宿在芒、砀之间的山泽中，居无定所，免得在一地住久了，走漏风声，为官府知晓。芒、砀二山，原本清幽僻雅，峰回路转，谷幽林密。刘邦与十几个壮士，栖居此处，为避祸，防止被人侦悉，到处搬迁，行踪无定。恰好一妇人携儿带女，前来寻刘邦，轻车熟路，一下就找到了。刘邦仔细一瞧，不是别人，正是那妻室吕氏。一家在此团聚，真是令人难以置信。刘邦详加询问，吕氏道："君离乡背井，潜身岩谷，只能欺瞒别人，怎能瞒妾？"刘邦听了更加惊奇还要追问。吕氏道："不瞒君说，不管你身在何处，上面总笼罩着云气，妾善观云气，因此知道你在哪里。"刘邦高兴地说："此事当真？我听说秦始皇曾说，东南有天子气，因此屡次出巡，意欲镇压，秦始皇今死，王气犹存，莫非是我刘邦吗？"吕氏道："苦尽甘来，这种事也说不准。但现在还没体会到甘，却吃尽了苦。"说着，热泪盈眶，刘邦连忙劝慰，并询问近况。待吕氏细说原委，刘邦禁不住潸然泪下。原来刘邦西行后，县令等他复命，却杳无音信。于是派人出去查个究竟，得知刘邦放了众徒后一同逃走了。立刻派衙役搜查刘邦家，也没结果，刘邦父太公，此时已令刘邦分居在外，才未受牵连。只累及吕氏，竟被县役送进了大牢。秦狱本来严酷，何况吕氏无钱贿赂狱吏，狱吏便任意欺凌。又因吕氏尚有姿色，对她百般轻薄。吕氏举目无亲，无可奈何，只有忍辱负重。

恰好，任敖也为狱吏，他与刘邦相熟，刚得知吕氏入狱，便试图加以照料。可惜并非由他负责，所以从旁留意打听。得知虐待情形，恼羞成怒，竟打伤主管吕氏的狱吏。后来多亏萧何、曹参诸人相助，吕氏才重获自由。吕氏回到家中，不知怎么得知丈夫的下落，居然携儿带女寻找，得与刘邦团聚。吕氏声称善观云气，真假也无从得知。刘邦已和家人团聚，干脆在芒砀山中，寻一幽谷，作为家居，免得惦念。后世称芒砀山中有皇藏峪，便是这个来历。

当时秦朝的统治摇摇欲坠，将要爆发动乱的迹象与征兆随处可见。沛中子弟得知关于五色云气的传闻，更加敬畏刘邦了。有的人打点行装去投奔刘邦，更多的人仍留在城中，但心中思量假如天下有变，便立即追随刘邦。刘邦、吕雉的巧妙搭档，逐步把芒砀山发展成为逃亡者的大本营，聚义的营寨在山间建立起来，势力不断壮大。各种力量汇集于此。萧何、曹参等人暗中联络刘邦，救济物资源源不断，起义的条件已经具备了。从聚义到起义，仅仅一步之遥。芒砀山，它成了沛县中对秦朝统治不满的人们向往的地方。

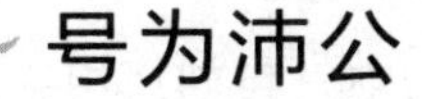

号为沛公

陈胜、吴广起义后，很快陈胜就在陈地称王，建立了“张楚”政

权，首举义旗。星星之火引发了燎原之势。貌似稳固的大秦帝国顷刻间分崩离析。各郡县的豪杰群起响应，除去本郡或本县的长官，称孤道寡。那些平时不可一世的郡守、县令、县尉、侍御史，狼狈不堪地被送上断头台。这是一个改天换日的时代。

沛县县令这下手忙脚乱了。各地县令被斩杀的消息不断传来，风声鹤唳，草木皆兵，终日胆战心惊，寝食不安，唯恐丢了性命。他前思后想，终于决定变被动为主动，孤注一掷，响应陈胜起义，以摆脱目前消极应付的困境。于是他同主吏萧何、狱掾曹参等人商议，建议沛县也应响应起义，追随陈胜，推翻暴秦。沛令原以为萧何、曹参一定会大力支持他。不料萧何冷淡地说："大人此议欠妥。大人久为秦吏，今欲背秦，带领沛县子弟举事，恐难得民心。"曹参也随声附和，说："不错，百姓都视大人为秦朝政权的代表与象征。大人若起事，恐怕百姓首先会把矛头指向大人。"

沛令犹豫地说："那么，是否该继续效忠于秦朝呢？"萧、曹两人都摇头，异口同声地说："秦朝大势已去，大人无须尽此愚忠。倘若杀来各地义军，沛城必定劫数难逃。"沛令这下陷入了两难，皱眉说："依两位之见，应如何是好？"萧何又进告县令，声称刘邦有魄力，能辅佐公，如果赦罪召还，一定知恩图报。县令觉得有理，于是派樊哙往召刘邦。樊哙亦沛人，身强力壮，家境贫寒，靠屠狗为生，娶妻吕媭，就是吕公的小女儿，吕雉的胞妹。县令因他与刘邦有亲，所以命他召刘邦。樊哙果然已知刘邦下落，直接来到芒砀山中，与刘邦相见，转达沛令意图。刘邦在山中八九月，已吸收了约百名壮士，既听说沛令相召，便率领所有人，与樊哙一道返回沛县。半路上忽然看见萧何、曹参，狼狈前来。原来，沛令又反悔了。这不仅因为他曾故意陷害刘季，要他率领役夫去骊山陵，逃亡后又通缉他，刘邦被迫潜藏深山，更重要的是刘邦原来是沛县城内的无赖头子，在治理泗水亭时颇有才能，并且有许多关于他的神奇的传闻，在沛县极具潜势力。他一旦入城，绝不会受制于沛令。值此乱世之际，刘邦只要奋臂一呼，全城百姓一定响应，自己岂不大祸临头？

沛令如此一想，不禁心惊胆战。

他马上翻脸不认人："好个萧何，好个曹参，你们居心何在！本县险些上了你们的当。刘邦是何许人！他是本县的敌人，沛县城内的无赖头子，私放役夫的叛贼，让他率领那帮役夫进城，无异于引狼入室！你们二人平素与刘邦交好，经常庇护他，这暂且不提。现在你们向本县献计，却请的是刘邦的队伍，分明想陷害本县。本县平日并不亏待你们二人，你们竟如此相报，真是丧尽天良。来人哪，将萧何、曹参两人给我拿下！"

在场的差役听到县令命令，哪敢不从！众差役一拥而上将萧何、曹参牢牢捆住，送进大牢。曹参狱掾当了多年，萧何更是老资格的沛县主吏，素有威望。两人一进狱内，狱卒们便马上给他们松绑，设宴为他俩压惊。萧何、曹参趁机向狱卒们说明当前形势，称天下已经大乱，小小的沛县难以自保。沛令假意反秦，但这样做便得罪了朝廷，各地起义军也不会信任与谅解，一定是群起而攻之，一旦城破，还不是老百姓受苦。刘邦已在芒砀山聚集了一支队伍，蓄势待发。此番返回沛县，拥戴他为主，大事必成，假如追随那倒霉县令，只能自寻死路。

众狱卒听了，深以为然。这时，刘邦已兵临城下，沛令紧闭城门，命县尉防守，不让刘邦进城。同时，他命令斩杀萧何、曹参，以为这样刘邦在城内便无接应。但是，当这一命令抵达监狱时，狱卒们却偷偷地放走了萧何、曹参。萧、曹二人唯恐死在沛令手中，慌忙逃出城外，投

奔刘邦。他俩当初劝沛令召回刘邦，只是希望刘邦结束藏匿山林的流亡日子，并且率领沛城百姓武装自保，但并未打算让刘邦取代县令，至少名义上仍可奉沛令为主。没想到沛令疑心重，又与刘邦有宿怨，居然食言，翻脸不认人，甚至要杀他俩。既然如此，你沛令不仁，可休怪我们不义，索性追随刘季反了！

萧、曹二人，于是与刘邦复返，一道抵达沛县城下。城门仍紧闭，无法进城。萧何道："城中百姓，并不都服县令，不如先投书函，让他们除掉县令，以免遭祸。但城门未开，无法投递，该怎么办？"刘邦道："小事一桩，请君立刻修书，我自有办法。"萧何听着，赶紧草就一书，交给刘邦。刘邦见上面写着：天下苦秦久矣！今沛县父老，虽为沛令守城，然诸侯并起，必且屠沛。为诸父老计，不若共诛沛令，改择子弟可立者以应诸侯，则家室可完！不然，父子俱屠无益也。邦大概看了一下，便道："写得甚好！"便封好书，自带弓箭，至城下对守卒叫道："尔等不要顽抗，请速看我书，全城性命便可保住。"说罢，即把书函系诸箭上，射入城里。

沛县父老见了此书，议论纷纷，其中王陵意见最坚决。王陵是沛县的大豪，刘邦向来十分敬重他，视为兄长，对他唯命是从。王陵说服沛县诸父老联合行动，加上有夏侯婴在县衙内做内应，迅速攻破县衙，斩杀沛令。接着，王陵又率诸父老杀掉县尉，沛县的士卒都投降王陵。城门守卒秋彭祖首先打开沛县的城门，迎接刘邦进城。秋彭祖因此立功，在汉十一年被刘邦封为戴侯。刘邦召集众人开会，商议善后方法，众人均拥戴刘邦为主。刘邦慨然道："天下方乱，群雄逐鹿，倘若今天选错将，功败垂成，悔之不及！我何德何能以保全父老子弟，还请另择贤能，以图大计。"众人见刘邦推辞，便又拥立萧何、曹参。萧、曹都出身文吏，不懂军事，唯恐难以胜任，于是坚决推戴刘邦为主，甘愿听命于他。刘邦依旧推托，诸父老异口同声地说：“向来听说刘季奇异，必当大贵，并且我们已占卜过，只有季相最贵，望勿推辞！”刘邦盛情难却，只有答应，众人于是一致拥立刘邦为沛公，刘邦此时已四十八岁了。

刘邦并非不愿做沛令，而是担心难以服众，王陵、萧何等人资历都在自己之上，原来的地位和威信也不可相提并论，如今见王陵、萧何等人都拥戴他，诸父老因得知有关他的各种奇闻，对他十分信服，刘邦也就不再推辞，立为沛公。九月初吉，刘邦正式出任沛公，祠黄帝，祭蚩尤，特制赤旗赤帜，悬挂城中。他因前时斩蛇，老妪哭诉，声称赤帝子斩白帝子，所以全为红旗。随即任命萧何为丞，曹参为中涓，樊哙为舍人，夏侯婴为太仆，任敖等为门客。部署完毕，决定出兵。沛公命萧何、曹参征募二三千沛中子弟由樊哙、夏侯婴率领，攻打胡陵、方与，胡陵、方与二守令，不敢迎敌，紧闭城门。樊哙与夏侯婴正准备攻城，忽然沛公传令，乃是刘媪去世，为处理丧事，暂不宜发兵，于是召二人还守丰乡。二人不敢怠慢，只好领军还丰乡。沛公至丰乡办理丧葬，暂搁起军事。沛县终于也举起了义旗。反秦的星星之火已成燎原之势。但是，对刘邦而言，前面的路还很长。

第四章

峥嵘初露

很快，各地反秦的将领就在薛会齐了。将士们商议了很久也没有想到好的办法。大家都无可奈何。这时，哨兵来报，说一个老者来访，自称前来献计。来的人就是居巢人范增。范增是一个足智多谋的人，这一年他已经七十岁了。他对项梁和各位将领说："各位将军，你们知道陈胜为什么会失败吗？"项梁和各位将领看着范增，茫然地摇了摇头。

东阳合兵

陈胜、吴广起义以后建立了大楚农民政权。陈胜自称“陈王”。他们继续带着军队反抗秦朝的暴力统治。广陵人召平是一个十分聪明的人，他带兵为陈胜攻打广陵（今江苏省扬州市）。可是驻守的秦兵太强大了，过了很久，他也没能攻下广陵。

召平十分着急，他坐在营帐里思考着。一个士兵急匆匆地走进来对他说：“报告长官，刚刚收到消息，陈王出师不利，已经撤退了。请长官决定我们应该怎么办。”召平沉思了一下，他想：“现在陈王兵败。有谁能够帮助我们呢？”忽然，他想到了项梁和项羽叔侄俩。他微笑着对士兵说：“我已经有办法了，你先出去吧！”

过了一会儿，一个军官急匆匆地走进来对他说：“报告长官，秦兵就快到了，我们要不要马上行动，不然的话我们可能很危险。”

召平大惊道：“秦兵怎么这么快就到了呢？立刻召集士兵，你带领他们去找陈王。我自有办法对付秦兵。”

军官又急匆匆地带领士兵们离开了。召平收拾了一下东西，就来到长江边上，他对着滔滔江水说：“项梁啊，项梁，只有你能够救陈王了。”这时，一条小船向着召平划了过来，船夫对他说：“你要过江吗？我送你过去吧！”

召平上了船，对船夫说：“快点送我到南岸去，我要去找项梁将军。陈王有难，现在只有项梁将军才能救他了。”

船夫受秦朝的压迫已久，他见眼前的这个人是农民起义军领袖陈胜的部下，又是去找项梁的，就加快了速度，不一会儿就把他送到了长江南岸。

召平上了岸，直奔会稽，找到项梁，对他说：“陈王听说将军在江东响应农民起义军，起兵反秦，已经加封将军为楚王上柱国。”项梁见他说得真诚，就没有怀疑他。召平接着说：“陈王要我告诉你，江东地区已经被将军和项羽平定了。将军和项羽应该赶快领兵渡过长江，到长江以西的广大地区反抗秦朝的黑暗统治。”

项梁想了一下，他觉得召平说得很有道理，就找来项羽，对他说：“吴中地区已经被我们平定了，我们要想推翻秦朝的统治，就要渡过长江，到江西的广大地区和秦兵作战。现在，陈胜有难，我们和秦兵作战不但能够推翻秦朝，还能救助陈胜。你觉得怎么样呢？”

项羽想到了第一次见到秦始皇时的情景，他早就想推翻秦朝，取而代之了。现在听到叔叔这样说，他更加有信心了。他对项梁说：“叔叔，我马上召集八千江东子弟，渡过长江去和秦兵作战。”于是，项梁和项羽连夜集结部队，渡过了长江。

渡过长江以后，项梁和项羽就听说陈婴已经攻下了东阳县（今安徽省天长县西北）。他们就想联合陈婴的部队，一起去和秦兵作战。

陈婴是东阳县的一个文官。他做事情非常严谨，做人很讲信用，所以县里的老百姓都很尊重他。陈胜、吴广在大泽乡起义以后，东阳县的年轻人效仿他们，也起义了。他们杀了东阳县县令，组织了一支几千人

的军队。这些年轻人聚在一起商量，要选一个可以做领导的人。他们商量了很久，也没有找到一个合适的人。

这时，有人提议说："陈婴是我们县里最有能力和德行的人，不如我们选他来做我们的将军吧！"听到他的提议，这些年轻人都觉得很有道理，就纷纷同意了。他们找到陈婴说："陈大人是东阳县最有名望的人，我们起兵反秦需要一个人来领导我们，我们想选陈大人作为我们的将军。"

陈婴是个谨慎的人。他听到这帮年轻人要选自己做将军，就说："我是一个不能成就大事的人，你们选我做将军要误了你们的大事的。"

年轻人见陈婴不肯答应，就接着说："我们商量了很久也没有找到比你更合适的人了。你就答应我们吧。"陈婴依然不肯答应。年轻人们没有办法，就一起跪在地上说："陈大人不肯答应，我们就一直跪在地上。"陈婴见状，只好答应了他们的要求。

年轻人们见陈婴已经答应了，就跑到外面说："陈大人已经答应做我们的将军了。有愿意跟随陈婴将军起兵反秦的人，都到我们的部队来报名吧！"东阳县的老百姓见陈婴起兵反秦，都纷纷表示愿意相随。短短的几天之内，陈婴的部队就迅速壮大到了二万多人！

一个比较有见识的年轻人见部队已经壮大到二万多人了，就向大家建议："现在，我们的力量已经很强大了。我们为什么不学陈胜、吴广，立我们的将军为王呢？"大家都觉得他说得很有道理。他们就对陈婴说："我们现在已经有二万多兵力了，大家商量了一下，想拥立你为王。你觉得怎么样呢？"

陈婴马上说："这件事情还需要再斟酌斟酌。我们不能贸然行事，这样只会害了我们的士兵。”回到家里，陈婴把士兵们要立他为王的事情和母亲说了。母亲默默地思考了一会儿，对陈婴说：“自从我嫁入你们陈家，就没有听说你们陈家祖上出过富贵的人，现在突然富贵了，我认为这是不祥之兆。我看与其做这个王，还不如你带领军队投靠一个有威望的人。成功了，你可以得到高官厚爵；失败了，你也可以轻易逃走，不会成为人们指责的对象。”

陈婴素来谨慎。他听到母亲这样说，就回答道：“母亲说得很有道理。我也不同意他们拥立我为王。不过，现在天下风起云涌，各地都有英雄起事。我应该带领军队投靠谁呢？”母亲想了想，说：“我听说项梁和项羽在江东起兵了。他们现在已经渡过长江来到了东阳。项梁和项羽是项燕的后人，他们项家世世代代都是楚国的大将军，很受楚国故地人们的拥戴，投靠他们是一个很好的选择。”

陈婴马上叫来一个士兵，要他去找项梁和项羽的部队。晚上，士兵回来了，他把项梁和项羽的具体位置告诉了陈婴。陈婴带着几个士兵找到了项梁。他对项梁说：“久闻项将军是楚国名将之后，现在我们东阳子弟很愿意跟随你一起反抗秦朝的残暴统治。”

听到陈婴要投靠自己，项梁和项羽都十分高兴，因为他们本来就打算和陈婴合兵一处，共同抗敌的。现在陈婴主动请求投靠自己，岂有不高兴的？

第二天，陈婴召集了自己的部队。他陪着项梁和项羽站在队伍的前面，对士兵们说：“项梁和项羽将军是楚国大将项燕的后人，他们世世代代都是楚国的大将军。楚国的人民十分拥戴他们。现在我们举兵反秦，没有他们作为我们的大将军就不会成功。如果投靠了他们，得到楚国故地人民的拥戴，我们推翻秦朝的统治就指日可待了。现在项梁和项

羽将军就在我的身旁，如果大家同意，我们现在归顺他们吧！”

士兵们认为陈婴说得很有道理，就异口同声地回答道：“我们愿意跟随项将军起兵反秦！”于是，项梁就把八千江东士兵和二万东阳士兵合为一处，自任大将军，任命项羽为副将军。

自从接收了陈婴的军队，项梁和项羽的力量就壮大起来了。他们带领着部队一路往西，渡过了淮河。黥布和蒲将军听说项梁和项羽已经渡过淮河，就派士兵去寻找他们的踪迹。找到项梁和项羽以后，黥布和蒲将军也把自己的兵权交给了项梁。得到黥布和蒲将军的军队后，项梁和项羽的力量就更强大了，他们的队伍一共有六七万人之多！项梁就把这六七万军队屯在了下邳（今江苏省邳州市）。

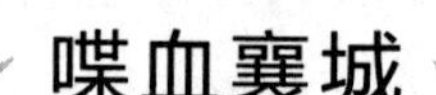

喋血襄城

陈胜、吴广连战不利，被秦兵冲散了。很多起义军首领都联系不到他们。这个时候，秦嘉已经拥立景驹为楚王。秦嘉和景驹带领军队驻扎在彭城（今江苏省徐州市）的东面。彭城离下邳很近，项梁和项羽很快就得到了消息。

项梁召集了部队的将领们，说：“陈王是第一个起来率领穷苦大众起兵反秦的人。我听说因为连战不利，他的部队被秦兵给冲散了，他现在已经不知所终了。现在秦嘉背着陈王，拥立景驹为楚王，这是大逆不道的行为。我们和陈王同为起义军，我们是不是应该替他主持公道呢？”将领们见到项梁说得很真诚，就附和着说：“将军说得十分有道理，我们愿意跟随将军为陈王主持公道。请将军发兵攻打秦嘉，我们愿意为先锋。”

项梁接着说：“既然大家都同意替陈王主持公道，那我们就发兵攻打秦嘉。”于是，项梁命令项羽带着部队去进攻秦嘉。项羽身先士卒，挥舞着手中的宝剑，冲进了秦嘉的队伍。他所到之处，瞬息之间就成了尸山血海，秦嘉的士兵一个一个倒下了。项家军们见到项羽如此英勇，一个个也都争先恐后地冲击着秦嘉的部队。秦嘉的士兵们害怕了，他们纷纷丢下手中的武器，准备逃跑。秦嘉看见大事不妙，就带着士兵们往胡陵（今山东省金乡县东南）逃去。

项家军见秦嘉逃走了，就欢呼起来，他们把项羽簇拥在中间，高呼：“项将军是我们的大英雄！项将军是我们的大英雄！”

项梁见到秦嘉不堪一击，就对项羽说：“秦嘉是一个懦夫，这么多士兵做他的属下真是可惜了。我们应该乘胜追击，彻底消灭秦嘉，把他的军队合并过来。”项羽说：“叔叔说得很有道理。合并了秦嘉的队伍以后，我们的力量就会更加强大了！”项羽转过身，对着士兵们大声说道：“秦嘉已经败走。我们现在应该乘胜追击，彻底消灭秦嘉。”士兵们欢呼着，说：“我们愿意追随项将军，请将军吩咐！”于是，项羽又带着士兵们追击秦嘉去了。

赶到胡陵，秦嘉发现已经无路可走，就回军和项羽厮杀起来。项羽骑着马，带着士兵们冲进了秦嘉的队伍。秦嘉的队伍很快被项羽冲散了，秦嘉和士兵们苦苦抵抗着。但是，项羽和他的项家军实在是太英勇了，秦嘉的队伍渐渐抵挡不住了。项羽和他的项家军却越打越有精神，

他们一个个犹如下山的猛虎一般，咆哮着砍倒一个又一个敌人。混战中，景驹受了很重的伤，骑着马逃跑了。

到傍晚的时候，战斗还在激烈地进行着。项羽忽然看到秦嘉骑在马上准备逃走，他催动胯下的战马，抢上前去，一剑刺中秦嘉的心窝。秦嘉摇摇晃晃地从马上掉了下来，一命呜呼了！项羽在阵中一边奔走，一边喊着："秦嘉已死，投降者免死！"秦嘉的士兵们见到将领已死，也都无心恋战，很快就放下兵器投降了。

项梁和项羽收编了秦嘉的部队，继续西进。这时，景驹逃亡到了梁地（今河南省开封市周围的广大地区）。他受了很重的伤，很快就死了。

项梁和项羽起兵反秦的消息很快就传到了咸阳，秦二世慌慌张张地派章邯领兵前去镇压。就在项梁和项羽领兵从胡陵西进之时，章邯的部队已经到了栗县（今江苏省沛县附近）。得知这个消息后，项梁有些紧张了，他马上召集将领商量对策。

项梁麾下别将朱鸡石说："大将军，现在我军已有十余万人。料他一个章邯也奈何不了我们。我愿带兵迎战。"

项梁看了看朱鸡石，对他说："朱将军，虽然我们的兵力强大，但是部队的整体战斗力并不强。况且，秦国的军队何止十余万人马？章邯又是秦国有名的常胜将军。我们不可对他掉以轻心！"

别将余樊君站出来对项梁说："末将认为，我们现在应该兵分两路，一路由副将军带领，攻打襄城（今河南省襄城县）；一路由朱别将和我带领，去迎战章邯。副将军英勇善战，一定能够攻下襄城。襄城危急，襄城守一定会派人往章邯处求救。我和朱别将拖住章邯，要他们不能相顾，我们就可以乘机消灭他们了。"

项梁认为余樊君说得很有道理，就同意了他的建议。项羽带着一部

分部队往襄城进发了。项羽来到襄城之下，派人往城中去挑战。但是，襄城守拒不迎战。项羽大怒，派兵把襄城围得水泄不通，并吩咐士兵们在襄城脚下驻扎下来，没有他的命令，谁也不准离开。襄城守一边派兵在城墙上日夜监视着项羽的动向，一边催促工匠们日夜赶造弓箭。

项羽进兵襄城以后，朱鸡石和余樊君也带领着军队往栗县进发。秦国大将章邯早已知道朱鸡石和余樊君带兵来迎战了。他一边吩咐士兵们加固城墙，一边暗暗在城下的树林里埋伏下了精兵。朱鸡石和余樊君带兵来到城下，向着城墙上的士兵高喊道：“章邯在哪里？快叫他出来受死！”

士兵向章邯报告说：“将军，朱鸡石和余樊君二人在城墙下高声叫骂。我们是否开城迎战？”

章邯微笑着说：“不着急，要他们骂去吧！吩咐将士们严守城门，让一只蚊子也飞不进来。”

朱鸡石和余樊君在城下骂了很久，不见章邯领兵出战，就以为章邯害怕了。他们在城下大笑起来。这时，章邯正在城墙上看着他们，见到朱鸡石和余樊君大笑，章邯也微微笑了起来。秦兵们见章邯挨了骂还笑，都很不解，就问他：“将军挨了骂，为什么还笑呢？”章邯看了看城下的朱鸡石和余樊君说：“我笑是因为城下的人很快就骂不出来了！”

朱鸡石和余樊君渐渐放松了戒备，士兵们见将军们放松了警惕，也都一个个和同伴们开起了玩笑。章邯一边在城墙上仔细地观察着城下的一切，一边暗暗集结军队。他见朱鸡石和余樊君已经放松了警惕，就下令打开城门，出城迎战。

秦兵们在章邯的带领下，像潮水一般从城里涌出。朱鸡石和余樊

君的队伍立刻被冲散了，一场混战开始了！混战当中，余樊君被秦兵砍死。朱鸡石见大事不妙，就带着士兵们没命似的往胡陵逃去。章邯见朱鸡石已逃，引兵追击去了。

项梁知道朱鸡石和余樊君兵败后，大怒道："这两个人可坏了我的大事！"项梁带领军队来到薛（今山东省滕州市附近）。朱鸡石知道项梁已经到了薛，就来见他。项梁见到朱鸡石，没有说一句话，便大声吼道："来人！把朱鸡石拉出去斩首！"

此时，项羽还带着军队在襄城城下苦苦坚持着。襄城守一直命令士兵不准开城迎战。项羽每天在城下望着城墙上的秦兵。他见城墙上的秦兵一个个精神抖擞，就产生了一种先杀之而后快的快感！忽然，项羽大踏步地走回营帐，命令道："集结所有士兵，马上攻城！"士兵们在城下坚持已久，他们都希望快些攻下襄城。于是，士兵们异常英勇，他们在项羽的带领下，一次又一次地发起了进攻。

城墙上万箭齐发，箭像雨点一样向项羽的队伍中飞来。很多士兵倒下了。见到秦兵雨点般密集的箭矢，项羽大怒道："攻下襄城，我要杀光你们所有的人！"项羽躲开秦兵的箭矢，带着士兵们冲到了城门下。项羽命令士兵们抬着一根巨大的木桩，一起用力往城门撞去。一下，两下……城门终于被撞开了。项羽率先进入了襄城，他手提宝剑，在敌阵中横冲直撞，所到之处，秦兵纷纷倒下！

经过一天的激战，项羽终于带领士兵们占领了襄城。项羽让士兵们把全城的老百姓和已经投降的秦兵聚集到了一起。他对这些人说："我带领士兵们攻打襄城，久攻不下，都是你们这些人的过错！今天我就把你们全部杀了。以后我再攻城的时候，看还有谁敢抵抗？"老百姓和已经投降的秦兵纷纷跪到地上说："请将军饶命，我们下次不敢了！"项羽大怒道：“下次，还会有下次？”说完，项羽就命士兵把所有人都驱赶到了万人坑中，全部活埋了。

攻下襄城之后，项羽就带领士兵赶到了薛，向项梁汇报战况。这个时候，项梁听说陈胜已经死了，他就十分伤心。项梁对项羽说：“陈胜是第一个起兵反秦的人，现在他也第一个死了。以后反秦的大业就落在了我们的头上。现在我要召集所有的反秦将领，一起商量接下来应该怎么办。”

项羽认为项梁说得很有道理，就同意了他的说法。于是，项梁派士兵往各地召集反秦的将领们到薛商议大事。刘邦在小沛起兵反秦以后，连战告捷，势力逐渐壮大起来。项梁召集各地反秦将领到薛商议大事，刘邦也去了。

拥立楚怀王

很快，各地反秦的将领们就在薛会齐了。将士们商议了很久也没有想到好的办法。大家都无可奈何。

这时，哨兵来报，说：“报告大将军，一个老者来访，说是有计相献。”项梁听说有人来献计，就急忙叫人把他带了进来。来的人就是居巢人范增。范增是一个足智多谋的人，这一年他已经七十岁了。他对项梁和各位将领说：“各位将军，你们知道陈胜为什么会失败吗？”

项梁和各位将领看着范增，茫然地摇了摇头。

范增接着说："当时秦国灭六国之时，楚国是没有任何罪过的。当年，楚怀王被秦昭襄王俘虏到了秦国，客死异乡。一直到现在，楚国故地的老百姓都还十分怀念他。"

一个反秦将领不解地问范增道："这和陈胜失败有什么关系呢？"

范增看了他一眼，继续说："就因为楚国没有任何罪过，秦国就灭了它，而且俘虏了楚王，所以楚南公说：'楚虽三户，亡秦必楚！'陈胜起兵反秦以后，虽然借助扶苏和项燕将军的名号，但是并没有立楚国的后代为王，而是自立为楚王。从这一点来看，他就不能得到老百姓的支持，所以说他是坚持不了多久的。"

"原来是这样啊！"一个反秦将领恍然大悟道。

项梁看着范增说："那么，老先生以为我们现在应该怎么办呢？"

范增见项梁问得真诚，就回答道："将军在吴中起兵反秦，楚国故地的反秦将领之所以争先归顺将军，是因为将军是楚国大将项燕将军的后人。楚国故地的百姓以为将军可以拥立楚怀王的后人为君主。现在将军应该做的事情就是找到楚怀王的后人，拥立他为王，然后再带领军队西进反秦。这样才能得到老百姓的拥护啊！"

项梁想了想，就对范增说："老先生说得很有道理！请问先生高姓大名。"

范增回答道："老朽范增，一介平民而已！"

项梁认为范增是一个贤能之人，就把他留了下来。

晚上，项梁和项羽商量道："范增说得很有道理。可是，我们现在怎样才能找到楚怀王的后人呢？"项羽说："老百姓都传言楚怀王的孙子熊心，现在已经沦落为一个放羊娃，正在山里为有钱人放羊呢！如果我们可以找到他，拥立他为楚怀王，那我们的反秦大业就指日可待了！”项梁同意了项羽的说法，并派项羽带人去找楚怀王的孙子熊心。

第二天，项羽带着几个随从进入了大山。项羽找到了山里的一个农民，他问道：“人们说楚怀王的孙子熊心在山里放羊，请问你知道他在什么地方吗？”农民看了看项羽，摇了摇头回答说：“我不知道他在什么地方啊！你到其他地方去问问吧！”

项羽带着随从们继续往山里走去。他们遇到了一个樵夫，项羽就上前问道：“人们说楚怀王的孙子熊心在山里放羊，请问你知道他在什么地方吗？”樵夫看了看项羽，就说：“我没有听说这件事情，你去问问其他人吧！”项羽无奈，只好带着随从继续往山里走去。走着走着，他们遇到了一个老妇人。项羽就走上前去，问道：“人们说楚怀王的孙子熊心在山里放羊，请问你知道他在什么地方吗？”老妇人看了看项羽，反问道：“你是什么人？”项羽回答说：“我是楚国大将军项燕的孙子项羽。”老妇人高兴地握着项羽的手说：“原来是项燕大将军的孙子。我知道楚怀王的孙子在哪里，你们跟我来吧。”

项羽带着随从们跟着老妇人沿着一条崎岖的山路往山的另外一面走去。项羽问老妇人：“我在前面遇到一个农民和一个樵夫，为什么他们都说不知道楚王的孙子在哪里呢？”老妇人笑着回答说：“他们不知道你是项燕大将军的孙子，肯定以为你是秦兵派来杀怀王孙子的坏人。”

走过了一道山梁，项羽就看到眼前有一片羊群，羊群的边上有一个衣衫褴褛的年轻人。这个年轻人就是楚怀王的孙子熊心。项羽走上前去，向熊心表明了自己的身份和来意，熊心就跟随着项羽来到了项梁的军营之中。于是，项梁和反秦的将领们就拥立心为新的楚怀王，以盱台（今江苏省盱眙县）为都；封陈婴为上柱国，封赏五个县的食邑；项梁自封为武信君。他的这个做法得到了老百姓的大力拥护。

城阳攻坚

过了几个月，项梁带领部队攻下了亢父（今山东省济宁市任城区）。这时，秦兵将一支反秦队伍围在了东阿（今山东省东阿县）。项梁就和齐国王族后裔田荣以及司马龙且带兵往东阿解围。很快，秦兵抵挡不住项梁和田荣的大军，溃败而逃。东阿之围解了以后，田荣就领兵回到了齐国，他驱逐了齐王田假。田假逃到了楚地，投奔项梁去了，田假的丞相田角和他的弟弟田间一起逃到了赵国。

项梁占领东阿之后，就派兵往西追赶秦兵，自己带兵在东阿驻扎了下来。这期间，项梁几次派使者到齐国和田荣商议，一起起兵往西反秦。田荣说："只要项梁杀了田假，赵国杀了田角和田间，我就发兵反秦，帮助项羽推翻秦朝的统治。"项梁说："田假是你们齐国的国王，他走投无路来投奔我。我怎么忍心杀了他呢？"赵国见项梁不肯杀田假，也就不肯杀田角和田间。于是，田荣也不肯发兵帮助项梁一起反秦。

项梁见田荣不肯发兵帮助自己反秦，大怒道："就是没有齐国的帮助，我也一样可以推翻秦朝的统治。"于是，他吩咐项羽和刘邦一起去攻打城阳（今山东省鄄城县东南）。项羽和刘邦带领军队来到城阳城下，驻扎好军队以后，就派人到城中挑战。

城阳守知道项羽英勇善战，不敢开城迎战。项羽大怒道：“即使不开城迎战，我一样也可以攻下城阳，到时候我要杀光全城所有的人！”

第二天一早，项羽就集结部队，在城阳城下列阵。他下令开始攻城。项羽的命令一下，项家军就像下山的猛虎一般，向城阳的城门扑去。弓箭手也拉开了手中的弓，向城墙上的守军射去。一瞬间，城阳笼罩在了一片腥风血雨之中。

项羽身先士卒，第一个冲到了城门下。刘邦也拿着武器紧随项羽之后。项羽和士兵们一起抬着一根粗大的木桩，一次又一次地向城门撞去。他们一个个就像发怒的狮子，一边大吼着，一边拼命地撞击着。很快，城门被项羽和他的士兵们撞破了，项家军如潮水一般涌进了城阳。秦兵大乱，就像没头的苍蝇一样，到处乱撞。项羽和刘邦紧挨在一起，挥舞着手中的武器，在秦兵的队伍中横冲直撞，所到之处，秦兵纷纷倒下了。

项羽和刘邦攻破城阳以后，就带兵往濮阳（今河南省濮阳市）进发。濮阳守军打开城门，出城迎战。两军在濮阳的东面摆开了阵势。项羽一马当先，冲上去，一剑刺穿了秦兵军官的心窝。秦兵军官摇摇晃晃地从马上跌落下来。秦兵见军官已死，都纷纷往濮阳城里逃去。项羽和刘邦见状，便挥军掩杀过去。秦兵们只顾逃命，哪里还有人反抗！不一会，秦兵就损失大半，其余的都逃到城里不敢出来了。

项羽和刘邦追到城下，发现濮阳城被一条又宽又深的护城河包围着。只能领兵西进，去攻雍丘县（今河南省开封市杞县）。

雍丘守军将领李由见项羽和刘邦领兵前来，心惊胆寒。但他还是硬着头皮，骑马向项羽冲去。项羽见状，大声问道：“你就是李由？”李由回答说：“我就是……”一句话还没有说完，李由的项上人头已滚落

地上。

一场厮杀之后，战场上已横满了秦兵的尸体，项羽和刘邦大获全胜。

项羽和刘邦又带着部队往外黄（今河南省民权县西北）城下驻扎下来。

定陶之败

项羽和刘邦攻打外黄之际，项梁带着军队从东阿西进，来到定陶。定陶在项羽和刘邦的几次进攻之后，兵力大大地削弱。在项梁部队的猛烈进攻之下，定陶很快就被攻下了。项梁对部下说："秦国的军队简直不堪一击，秦国的将领也没有什么大不了的。"

士兵们因为连战告捷，也都有些骄傲了。他们在训练的时候也没有以前那么用功了。一个叫宋义的将领劝项梁不要骄傲，他很不耐烦，就把宋义支使到齐国去了。

宋义在去齐国的路上遇到齐国派来见项梁的使者。宋义问使者说："你是去见武信君项梁的吗？"使者回答说："正是。"

宋义接着说："我认为武信君项梁这次一定会失败的。秦二世很快就会加派军队围攻定陶。如果你走得慢一点，就不会受到连累，还能保住一命；如果你走得快了，就要大祸临头了！"说完，宋义和齐国的使者就各自继续赶路了。

秦二世得知项梁已经攻破定陶，就调动了一切可以调动的军队，交给章邯指挥。章邯指挥军队将定陶围了起来。项梁见状，大惊，这时，他才想起宋义的话，马上召集部下，商议对策。可是，章邯已经率领军队开始攻城了。由于项梁准备不足，定陶很快被章邯攻下。项梁也在混战中被秦兵杀害了。

项梁战败的消息传到外黄，项羽和刘邦都十分悲伤。他们在外黄城下已经和秦兵相持了很久，项梁战败身死的消息深深地刺痛了他们。他们决定放弃外黄，去攻打陈留（今河南省开封市陈留镇）。由于项梁在定陶战败，项羽和刘邦的军队受到了很大影响，他们在攻打陈留的时候也显得士气低落。陈留久久未能攻下，刘邦就和项羽商量说："现在项梁将军在定陶兵败，士兵们有些害怕了。与其在陈留苦战，不如暂时退兵，等士兵们重振士气以后，再往西攻打秦兵。"

项羽因为项梁被杀，感到十分悲伤，不再像往常一样精神抖擞了。他对刘邦说："我认为你说得很有道理。现在我们就退兵，先让士兵们重振士气，再作打算吧！"

于是，项羽和刘邦带领军队和吕臣合兵一处，一起往彭城退去。他们以彭城为中心，吕臣带领军队驻扎在彭城以东，项羽带领军队驻扎在彭城以西，刘邦带领军队驻扎在砀（今安徽省砀山县）。三人在各自的军营里训练士兵，准备再次往西进攻秦兵。

章邯见项梁已死，楚军的主力已经被自己消灭了，就以为楚军不能再对秦国构成威胁了。他集结了部队，带着士兵们渡过了黄河，到黄河以北攻打赵国去了。

这个时候，赵歇是赵国的国王。赵歇任命陈餘为将军，张耳为丞

相。章邯很快打败了赵国的军队。赵歇、陈餘和张耳逃到了巨鹿。章邯就命令王离和涉间带领部队把巨鹿包围了，他自己带着部队在巨鹿城南驻扎下来，作为援军。

陈餘则率领几万赵军在巨鹿城北驻扎，随时准备和章邯大战一场。历史上著名的巨鹿之战就要开始了。

第五章

巨鹿之战

项羽兴奋了。他命令道："现在埋锅造饭，所有的士兵只准带三天的粮食；凿破所有的船只，全部沉到黄河里；烧掉所有的帐篷；做完饭后，把所有的锅也都砸破了。我们要在三天之内打败秦兵，打败秦兵以后我们就接收秦兵的粮食，到时候我们直接挥军往西，一举消灭秦国！"

诛杀宋义

项梁和部队在定陶失败以后，楚怀王十分惶恐。他急急忙忙地带领官员和军队从盱台赶到了彭城。在彭城周围的三支部队之中，项羽的力量最强大。楚怀王早已看出项羽是一个不甘心久为人下的人。他很担心项羽会在推翻秦朝的统治以后，自立为王。

考虑了很久以后，楚怀王把项羽、刘邦和吕臣召集到了彭城。怀王对他们说："诸位将军领兵西进反秦，功不可没。现在项梁大将军在定陶兵败身死，我感到非常悲伤。我打算把项将军和吕将军的部队合为一处，由我亲自带领。你们觉得如何？"

项羽心中不快，但是又没有办法。众人回答道："一切听从大王的安排！"于是，楚怀王合并了项羽和吕臣的军队由自己指挥，封吕臣为司徒、吕臣的父亲吕青为令尹。怀王封刘邦为武安侯，任砀郡郡长。砀郡的部队仍由刘邦率领。项羽失去了兵权，也没有得到官爵，心中大为不快。

宋义在去齐国的路上遇到的使者就是高陵君。高陵君来到楚军当中，见到楚怀王说："我在来楚国的路上遇到了宋义。宋义对我说：'项梁一定会兵败！'过了几天，项梁果然在定陶的战斗中失败了。还没有开战，宋义就看到了项梁兵败的征兆，可见，宋义是一个善于用兵的人啊！”

楚怀王认为高陵君说得很有道理，就派人把宋义找来。宋义见到楚怀王，问道：“大王召我来，有什么吩咐？”楚怀王说：“你就是宋义？我听齐国的使者高陵君说，你是一个善于用兵的人。你怎么知道项梁一定会兵败呢？”

宋义回答道：“项梁自吴中起兵反秦，一路西进，未曾遇到劲敌。人们因为他是大将军项燕的儿子，也都十分拥护他，所以各路起义军也纷纷归顺他了。但是在攻下定陶之后，项梁显得有些骄傲，士兵们的训练也没有以前勤奋了。而这个时候，秦二世不会等着项梁的部队逐渐壮大，一定会加派军队来对付他。所以我事先知道了项梁的失败。”

楚怀王大喜道：“你果然是一个善于用兵的人啊！”

第二天，赵国派使者来向楚怀王求救。楚怀王封宋义为上将军，带领军队往河北救赵。项羽被封为鲁公，作为宋义的副将，范增作为末将一起领兵救赵。这时，宋义的权力已经大到了极点，所有的部队都要听从他的调遣。所以他的名号又叫作“卿子冠军”。楚怀王命令刘邦带领军队西进攻打秦军。怀王对众人说：“关中是秦国的老巢，现在我宣布先入关中，平定秦军的，我就封他做关中王。”

这个时候秦兵还非常强大，很多将领不敢带军队去攻打秦国，刘邦也显得犹豫不决。项羽因为秦兵杀了自己的叔叔，心里非常气愤，他向楚怀王请求道：“大王，我愿意带领军队西进攻打秦兵。”

楚怀王担心项羽的力量壮大以后，自己的地位会受到威胁，就不理会项羽的请求。楚怀王的老部下建议道：“项羽为人十分英勇凶悍。他在攻打襄城的时候，坑杀了全城的人。被项羽攻打过的地方没有一个

地方不被他血洗的。而且楚军已经用武力攻打秦兵多次了。陈胜和项梁都因此而失败了。秦国的老百姓被秦二世欺压已经很久了，他们早就盼望着能有宽容仁厚的人来领导他们了。如果我们派一个宽容仁厚的人带兵去说服秦国的老百姓，不用武力解决问题，会很受秦国百姓欢迎的。这项羽英勇凶悍，不适合担任这个任务。刘邦宅心仁厚，派他去比较合适。”

部下的建议正合楚怀王的心意。于是，他一再强调要刘邦带兵西进，项羽则跟随宋义到河北救赵。项羽没有办法，只好跟着宋义，一路往北救赵去了。

很快，宋义带着项羽、范增等人来到安阳（今山东省曹县东）。到了安阳以后，宋义下令道：“部队停止前进，在安阳休整！”部队在安阳安营扎寨，停了下来。项羽希望早点带着士兵到达河北，和秦兵大战一场，但是，宋义却下令要部队在安阳休整。项羽心情烦躁，他问宋义道：“巨鹿（今河北省巨鹿县）城危在旦夕，为什么不快点进兵河北，和秦兵大战一场呢？”

宋义见项羽质问自己，心中有些不快，但他没有理会项羽的质问。项羽大怒，却又无可奈何，只好悻悻而去。

宋义带领部队在安阳一停就是四十六天。项羽实在无法忍受了，就问宋义道：“秦兵已经把赵兵围在巨鹿城很久了。我们为什么不赶快渡过黄河，和赵兵里应外合，一起攻打秦兵呢？我们在外围攻打，赵兵在城内奋力反击，秦兵哪有不失败的呢？”

宋义见项羽又来质问自己，就生气了。他愤愤地说：“你说的一点道理都没有。你没有听说过，牛虻只会妄想攻击庞大的牛，而实际上连牛身上的一只虱子也杀不死吗？现在，你这样的想法，完全是有勇无谋的表现！秦兵把赵兵围在了巨鹿，但是要想战胜赵兵也不是一件容易的事情。等秦兵战胜了赵兵，一定会兵疲将困。那个时候，我们一鼓作气，一举打败秦兵就是一件很容易的事情了。如果秦兵没有打败赵兵，而是失败了，那么，这个时候我们就可以趁机带兵往西进攻汉中，攻下咸阳。所以，我们最好先看秦赵两国血拼，保存自己的实力。要说在战场上冲锋陷阵的事情，我宋义不如你项羽；但是要说到坐在营帐中谋划策略，你项羽却不如我宋义。”

宋义的话说得十分不客气，项羽在心中暗暗忍耐着。这时，项羽还不愿意和宋义有正面冲突，就忍着气离开了宋义的营帐。

项羽离开后，宋义为了威吓项羽，显示自己的威风，就下令道：“军队中像老虎一样凶猛，像山羊一样喜欢争强斗狠，像狼一样贪婪的人，尤其是不听指挥的人，一律斩首！”宋义的这道军令其实就是针对项羽的。

宋义在安阳停留了四十六天，主要是为了自己的儿子。齐国为了讨好宋义这位楚国的上将军，就要宋义的儿子宋襄做齐国的丞相。宋义亲自送儿子到无盐（今山东省东平县），并在无盐摆下丰盛的酒宴庆祝。

这时已经到了冬天，北方的天气寒冷起来了。连日的大雨，使得天气更冷了。楚军的衣物和粮食渐渐不够了，士兵们又冷又饿。很多将领都担忧起来，项羽更是大怒，他对部下说：“本来打算一起合力攻打秦兵的，现在宋义却停在安阳不走了。今年附近的几个县都发生了饥荒，军队无法从百姓手中筹集粮食。现在士兵们每天都吃不饱，要靠吃野菜才能勉强支持。军中已经没有粮食了，他却和齐国人在无盐喝酒庆祝自己的儿子当上了丞相。他不带领军队渡过黄河，去赵国筹集粮食，和赵

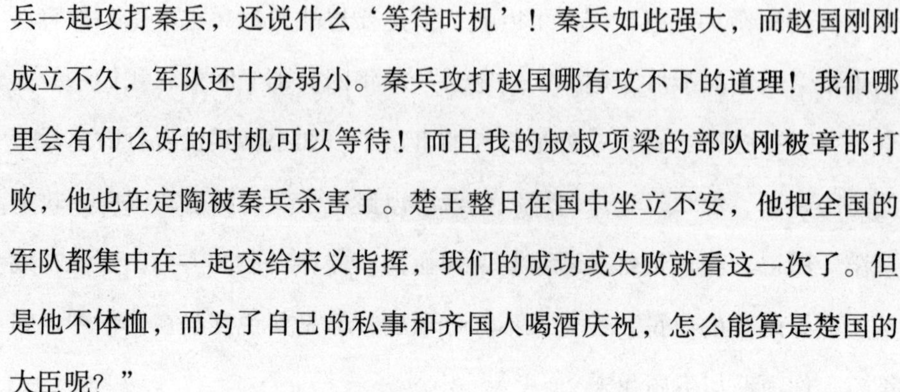

兵一起攻打秦兵，还说什么‘等待时机’！秦兵如此强大，而赵国刚刚成立不久，军队还十分弱小。秦兵攻打赵国哪有攻不下的道理！我们哪里会有什么好的时机可以等待！而且我的叔叔项梁的部队刚被章邯打败，他也在定陶被秦兵杀害了。楚王整日在国中坐立不安，他把全国的军队都集中在一起交给宋义指挥，我们的成功或失败就看这一次了。但是他不体恤，而为了自己的私事和齐国人喝酒庆祝，怎么能算是楚国的大臣呢？”

第二天早上，项羽和各位将领照例到宋义的营帐中向他报到请安。项羽和平日里没有区别，一样穿戴整齐，向宋义请了安。忽然，项羽冲向宋义，一把抓住他，拔剑向他的脖子砍去，项羽手起剑落，宋义的项上人头已滚落地上。各位将领和宋义的随从们都被项羽的英勇吓住了，他们一动不动地站在原地。

项羽一手提着宋义的人头，一手持剑，向将领们宣布道：“宋义和齐国人阴谋反楚，楚王暗中命令我杀了他。”

营帐中的将领们没有人敢说一句话，他们被项羽惊人的气势镇住了。过了一会儿，将领们才纷纷对项羽表示效忠，他们说：“首先拥立楚王的就是将军和将军的叔叔。现在将军杀了反贼宋义，又为楚国立了一件大功！”

各位将领就在营帐中商量着拥立项羽做代理上将军。项羽暗暗高兴，但口上还是说道：“我的年龄还小，做上将军不是很合适。”

将领们又说道：“项将军英勇异常，只有你才能做这个上将军啊！”项羽见状，也就不再推辞。项羽又说：“宋襄要到齐国做丞相了，他到了齐国一定会对我们楚国不利的。我们要马上派人去杀了他。”众人都觉得项羽说得很有道理，纷纷表示愿意带兵前去追杀宋襄。

于是，项羽一面派人去追杀宋襄，一面派桓楚向楚王报告自己诛杀宋义的事情。项羽派出的士兵很快就追到了宋襄。这个时候，他已经跟随齐国的使者进入了齐国，准备上任了。士兵们追上他，一句话也没说，就把他杀了。

桓楚来到彭城，把项羽诛杀宋义的事情向楚怀王作了报告。楚怀王见项羽已经掌握了整个军队的领导权，担心自己不封他为上将军，项羽会对自己不利，他无可奈何，只好封项羽做了上将军，黥布、蒲将军都归项羽领导。

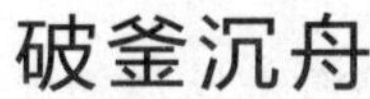

破釜沉舟

诛杀宋义以后，项羽名声大振。很快，他带着部队往河北进发了。为了能尽快解救赵国，项羽派黥布和蒲将军率领两万精锐部队作为先锋，先渡过了黄河，去救巨鹿。

这时，巨鹿的情况非常危急，巨鹿城被围得水泄不通，城中的粮食就要吃完了，士兵们都很惶恐。突然，有消息说项羽已经派黥布和蒲将军率领两万精锐部队作为先锋来救巨鹿了。士兵们的精神稍稍振奋了一些。张耳得知这一消息，立刻派人突围出城，给城北的陈餘送去一封信。信上说："项羽已经派黥布和蒲将军率领两万精锐部队作为先锋来救巨鹿了。请陈将军配合他们，和秦兵大战一场，赶走王离，追击章

邯。”此时，陈餘也得到了项羽已经出兵的消息，他正打算在楚军进攻之时，配合他们和秦兵大战。

这段时间以来，陈餘的精神已经处于崩溃的边缘了。张耳是自己最好的朋友，而张耳和赵王被王离围在巨鹿城中，自己却不能救他们，他感到了深深的自责。因为王离围城的军队和章邯驻扎在城南的士兵加在一起足足有三十多万人，而自己的部队不过几万人。用几万人去攻打三十万人，无疑是自寻死路。现在百战百胜的项羽来援，陈餘的信心大振。他对送信的士兵说：“你再混入城中，告诉丞相，我一定配合楚军，和秦兵大战一场，要他们知道我们的厉害！”

秦兵也得到了项羽已经出兵的消息，他们知道项羽的厉害，都有些害怕了。章邯为了配合王离攻城，就修建了两旁有围墙作为屏障的甬道来运送粮食。这样一来，王离就得到了足够的后勤补给。

黥布和蒲将军带着两万精锐部队渡过了黄河，来到了离巨鹿不远的地方。章邯急忙派了二十余万秦兵前来阻止他们前进。一场遭遇战开始了，黥布和蒲将军带着士兵们冲进了秦兵的队伍，他们在秦兵的队伍中左冲右突，杀出了一条血路。两万楚军顺着这条血路一直杀到了章邯修筑的甬道边上，他们推倒甬道两旁的墙壁，死死地守在那里。

陈餘见秦兵和楚军双方正杀得不可开交，就身先士卒，带着士兵们对秦兵发起了攻击。可是，秦兵的力量实在是太强大了，陈餘始终无法带着士兵冲进秦兵的队伍和楚军会合，血战一场之后，陈餘只好带着士兵们退了回去。

在陈餘的配合下，黥布和蒲将军虽然没能打退秦兵，但他们已经破坏了秦兵给王离运送粮食的甬道。甬道被破坏了，王离将得不到充分的后勤补给，处境就很危险了。

陈馀见凭借自己的几万军队无法打败秦兵，就再次派使者去向项羽求援。他在求援信上对项羽说："楚军英勇善战，两万先锋部队已经攻破章邯的甬道，切断了王离的后勤补给。请将军赶快率领主力部队渡河，一举打败秦兵。"

项羽站在黄河边上，对着滚滚的黄河水，心潮澎湃起来。他想起了爷爷项燕，想起了叔叔项梁，他们都是被秦兵杀害的。一种对秦兵欲先杀之而后快的心情油然而生，他要彻底消灭秦兵。

北风呼呼地吹着，项羽的思绪就像眼下的黄河水一样波澜起伏。他回到军营，下令道："所有士兵趁夜渡过黄河，在黄河北岸集结。"项羽带领着十余万楚军开始渡河了，他们静悄悄的，没有一个人说话，连马也不发出一点声音。黄河上只有河水的咆哮声。

项羽知道，这一去就是一场死战，不是秦兵灭亡，就是自己消失。他要彻底消灭秦兵，把他们杀得一个不留！

楚军已经渡过了黄河，他们在黄河北岸集结了。北方的天气太冷了，楚军们生在南方，没有经历过这么冷的冬天。为了躲避寒风，士兵们纷纷用草席搭起了帐篷。项羽见状，立即召集了士兵，他大声说道："我们这次来解巨鹿之围，定要和秦兵死战。这场战争的结果只有两个，要么是全歼秦兵，把他们杀得一个不留；要么是我们被全部杀光！死有什么可怕，你们怕死吗？"

士兵们异口同声地回答道："不怕死！"士兵们的声音像滚滚的雷声在空气中震荡着！咆哮的黄河水也被这震天的声音掩盖住了。

听到士兵们慷慨激昂的回答，项羽心中十分高兴。他接着说："就算我们只剩一兵一卒，也要死战到底。我们项家军从来就没有人从战场逃跑过。你们愿意逃跑吗？"

士兵们再次异口同声地回答道：“不愿意！”士兵们的声音涌进了黄河，在黄河水面上激起了滔天的浪花！

项羽兴奋了。他命令道：“现在埋锅造饭，所有的士兵只准带三天的粮食；凿破所有的船只，全部沉到黄河里；烧掉所有的帐篷；做完饭后，把所有的锅也都砸破了。我们要在三天之内打败秦兵，打败秦兵以后我们就接收秦兵的粮食，到时候我们直接挥军往西，一举消灭秦国！”

士兵们被项羽慷慨激昂的战前动员打动了。他们纷纷埋锅造饭，烧掉帐篷，凿沉船只；做完饭以后，他们砸破了所有的锅；楚军抛弃了一切多余的装备，只带着三天的粮食往巨鹿进发了。这就是历史上著名的破釜沉舟。

王离和章邯见项羽气势汹汹地往巨鹿而来，心中十分害怕。第二天，项羽率领着士兵们已经赶到了离巨鹿不远的地方。他命令士兵们准备战斗。楚军将士这时候个个热血沸腾，他们早就盼望着能和秦兵大战一场了。

各地反秦的将领们应赵国的请求在项羽之前就来到了巨鹿城外。但是他们看到秦兵兵力强大，后勤补给充足，都不敢发动进攻。将领们只是在巨鹿的外围筑起了十余重的墙壁，用来抵挡秦兵的进攻。他们见项羽只带着三天的粮食来和秦兵决战，心中都替项羽担忧着。但是项羽却丝毫不以为然，他带着士兵们向秦兵发起了猛攻。王离和章邯的军队足足有三十多万人，是项羽兵力的好几倍。他们把项羽和士兵们重重围在中心，准备困死楚军。项羽大怒，他一马当先，挥舞着手中的宝剑向秦兵砍去。他所到之处，秦兵纷纷倒下。秦兵的尸体横七竖八叠在一起，很快就像城墙一样高了。楚军们见自己的将领如此英勇，一个个也都奋

勇杀敌。他们越战越勇，一个人就可以对付秦兵十几个。渐渐地，秦兵有些抵挡不住了，王离只好下令收兵，退到巨鹿城下了。项羽哪里肯等秦兵撤退，他立刻带着士兵们追击过去。士兵们打得正起劲，也都不愿退出战斗，他们跟着项羽一次又一次地向秦兵发起了进攻。

这个时候，各地反秦的将领们都在自己筑的墙壁上看着项羽和秦兵厮杀，他们害怕秦兵，都不敢出兵帮忙。但是当他们看到楚军以寡敌众，毫无畏惧之色，一个人就能对付秦兵十多个时，心中都暗暗佩服起来。

项羽看到各地反秦的将领站在墙头不敢下来帮忙，就对士兵大吼道："我们不必期待他们来帮助我们，我们自己就可以把秦兵打得落花流水！"士兵们见项羽这样说，一个个更有勇气了。他们高喊着向秦兵发起了一次又一次攻击。楚军的呼声直冲云霄，笼罩在巨鹿城的上空。各地反秦的将领们听到楚军的呼喊声，心里也开始害怕起来了。

三天之内，项羽带着士兵们向秦兵发起了九次攻击。九次攻击中，楚军越战越勇，杀死了很多秦兵。秦兵越战越少，渐渐失去了抵抗的勇气。章邯见项羽和他的士兵们实在太勇敢了，自己肯定不是他的对手，就带着二十万军队逃离了巨鹿，往棘原（具体位置无可考，大致位于今河北省巨鹿县南）驻扎去了。

章邯逃跑以后，王离就失去了援助。项羽带着十万楚军把王离和涉间围了起来。各地反秦的将领见到项羽已经取得了胜利，也都带着军队参加了战斗，他们把王离和涉间团团围住，一场混战开始了。

在混战中，秦兵大将苏角被楚军杀死，王离被活捉，涉间不愿意投降，在军中把自己烧死了。至此，巨鹿之战结束了。项羽救了赵王和张耳，围攻巨鹿的秦兵全军覆没！

战争结束了，项羽在巨鹿城外搭起了营帐。他高坐在营帐中，命令道：“去把各地反秦的将领叫来见我。”士兵们分头去找各地反秦的将领了。

各地反秦的将领听说项羽要见自己，都害怕极了，他们目睹了项羽的英勇。而且，他们开始的时候都没有出兵帮助项羽，怕他万一怪罪下来，自己就要大祸临头了。但是项羽派人来叫自己，如果不去，后果更加不堪设想。

他们来到项羽的营帐外，看见楚军们虽然经过三天三夜的激战，受伤无数，但是一个个都精神抖擞地站着，心中更加害怕了。他们一个个不由自主地跪在了地上，低着头，往项羽的营帐中爬去。

经过几天几夜的战斗，项羽神情十分恐怖，他头发散乱，双眼布满血丝，威严地端坐在上将军的椅子上。一种无形的力量从他的身上散发出来。各地反秦的将领都感觉到了这种力量，他们恐惧地屏住了呼吸。

项羽大声说道：“大家都是反秦的军人，我们应该联合起来一起攻打秦国。”

各地将领亲眼见识了项羽的英勇，心里都很佩服，他们纷纷表示要拥立项羽为各地反秦将领的上将军。

于是，项羽当上了各路反秦军队的上将军，实力大增。这一年，他仅二十七岁！巨鹿之战意义非常重大，从此以后，秦国的实力大大被削弱，各地反秦的军队逐渐占据上风。

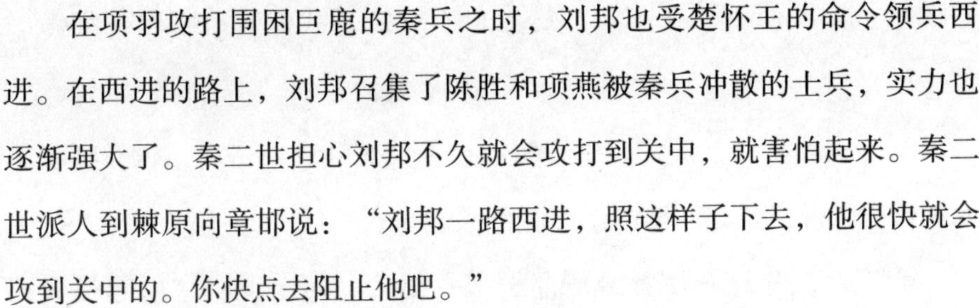

坑杀秦兵

在项羽攻打围困巨鹿的秦兵之时，刘邦也受楚怀王的命令领兵西进。在西进的路上，刘邦召集了陈胜和项燕被秦兵冲散的士兵，实力也逐渐强大了。秦二世担心刘邦不久就会攻打到关中，就害怕起来。秦二世派人到棘原向章邯说："刘邦一路西进，照这样子下去，他很快就会攻到关中的。你快点去阻止他吧。"

为了阻止章邯西进去攻打刘邦，项羽带领军队驻扎在了漳南。两军相持数月不战。秦二世见章邯被项羽阻止在了棘原，又派人来责问他。章邯害怕秦二世怀疑自己的忠心，就派长史欣到咸阳去解释。

长史欣来到咸阳以后，找到了赵高。他在司马府门前站了三天，赵高都没有见他。赵高知道章邯是一个聪明的人，如果秦二世屡次重用他，自己的地位就会受到威胁，他想借这次机会除掉章邯。长史欣见赵高不愿意接见自己，就明白了他的险恶用心。他急急忙忙地往军营赶去。他害怕赵高会派人追杀自己，不敢从原路返回。

赵高的属下见长史欣已经走了，就来向赵高汇报说："长史欣已经走了。"赵高暗暗想道："长史欣如果回到军营，一定会把我不肯见他的事情告诉章邯。章邯现在还军权在握，如果他挥师西进，一定会杀了

我的。我一定要派人去杀了长史欣。”

想着，赵高就吩咐道：“你赶快带人去追赶长史欣，一旦追到，立刻处死！”赵高的属下急匆匆地带人追赶长史欣去了。因为长史欣没有从原路返回，他们也就没有追到。

长史欣回到军营，立刻向章邯汇报说：“我到了咸阳，赵高不肯见我。他一定有阴谋。赵高深受秦二世的宠信，他从中作梗，我们毫无办法啊！现在我们如果听从秦二世的命令，和项羽、刘邦作战，战胜了，赵高一定会嫉妒我们。到时候，他会想尽一切办法排挤我们的。如果我们战败了，即使不死在阵中，赵高也不会饶了我们。请将军仔细考虑啊！”

章邯感到十分苦恼，心中有些动摇，他想和项羽讲和，投靠项羽。他对长史欣说：“这件事情让我慎重考虑一下。”

第二天，陈餘派使者给章邯送来一封信，信上说：“白起是秦国的大将军，他带领军队南征北战，立下了无数战功，结果却被秦昭王赐死。蒙恬将军也是秦国的大将军，他一生戎马，也为秦国立下了无数的战功，秦二世竟然不分忠奸，在阳周把他杀了。这是为什么呢？因为他们战功卓著，已经功高盖主，秦国不能按照他们的功劳给他们封赏，只好找借口把他们杀了。现在，将军做秦国的大将军已经三年了。三年当中，你虽然打了很多胜仗，但是也损失了十几万军队。况且，现在全国各地的人们纷纷起兵反秦，力量越来越大，你是无法抵挡住的。”

章邯看到这里，低头沉思了一会儿，接着看了下去。他看到信上接下去写道：“赵高向来受到秦二世的宠信，他害死了很多对秦国有益的大臣。现在秦国的末日就要到了，赵高担心秦二世会怪罪自己，所以就想尽一切办法把罪责都推脱到将军的身上。只要赵高把秦国逐渐衰弱的大罪推到了你的头上，找机会把你杀了，再找个人来代替你，秦二世就不会怪罪到他的头上了。现在你已经带兵在外很长时间了，秦二世身边说你坏话的人很多。不管你有没有功劳，只要你回到秦国，秦二世一定会杀了你。而且，现在的情况是天下百姓纷纷反秦，秦国的末日就要到了。不管是谁都能看出这一点。目前，你身在军营，不能直接向秦二世进谏；军队又被项羽将军打败，还能坚持多久呢？这种情况下，你孤立无援，想要长久地坚持下去，怎么可能呢？你为什么不就地起兵，和各路反秦的将领一起攻打秦国呢？这样，你不但可以保住自己和全家的性命，还可以在胜利以后分到秦国的土地，称王一方。”

章邯看完陈馀的信，心中更加混乱了。晚上，章邯暗暗派部下侯始成去和项羽谈判，想和项羽讲和，投靠他。项羽见章邯仅仅派一个部下来和自己谈判，心中不快。他认为章邯很没有诚意，想向自己多提一些条件。在谈判还没有成功的时候，项羽派蒲将军率领先锋部队连夜渡过漳水，在漳水南边和秦兵大战。

秦兵哪里是勇将蒲将军的对手，蒲将军很快就把秦兵打得落花流水。项羽见蒲将军已经成功，就带着所有的部队去追击秦兵。项羽带着部队追到了纡水上，见到秦兵正想渡河逃跑。项羽命令士兵们奋勇杀敌。将士们在项羽的带领下，很快打败了秦兵。

章邯两次被项羽打得落花流水，损失了很多兵力，心中不再犹豫了。他马上派人去求见项羽，说：“项将军，章邯将军令我来求见您，愿意跟随您一起攻打秦国。”项羽见章邯不再犹豫，就打算接受他投降的请求。

项羽想：“虽然章邯几次战败，但他的手上还有二十万的部队，这二十万的部队对我来说还是一种威胁。接受了他投降的请求，以后我就

少了一个敌人。”于是，项羽召集参谋们商议说：“现在我们军中的粮食已经不多了，再和章邯打下去，对我们不利，不如接受章邯投降的请求。”参谋们认为项羽说得很有道理，就纷纷同意了他的看法。项羽派人通知章邯，两军在洹水南岸的殷墟（今河南省安阳市殷墟遗址）上举行签约仪式。

第二天，项羽和章邯来到了洹水南岸的殷墟，订盟仪式在严肃的氛围中进行。仪式结束后，项羽亲切地挽着章邯的手臂。在战场上，两个人是死敌，但是项羽很尊重这位善于用兵的敌人。现在两个人已经从敌人变成了盟友，项羽怎能不高兴呢。

章邯也很佩服项羽。他还记得第一次听说项羽的名字是在他坑杀了襄城全城军民的时候。当时章邯的兵力十分强大，他根本就没有把项羽放在眼里，他还想：“项羽不过是一个毛头小子，有什么可怕的。”但是，一年后，项羽已经成了他最强大的敌人。每次临阵，章邯总会想到那个坑杀襄城全城军民的年轻人。

如今这个昔日最可怕的敌人就站在自己的面前，而且已经成了自己的盟友。章邯仔细地看着项羽，只见项羽身材魁梧，相貌英俊，笑容也非常纯朴。他很高兴有了项羽这样的朋友，但是无论如何，项羽都曾是自己的敌人，而且是一个让自己饱受屈辱的敌人。突然，他想到了赵高，其实真正害得自己要向项羽投降的人是赵高。委屈瞬间充满了章邯的心，他痛哭流涕地对项羽诉说了赵高是如何陷害自己的。项羽安慰着他，并承诺一旦攻下咸阳，一定亲手杀了赵高，为他报仇！

几天后，项羽封章邯为雍王，并把他留在了自己的军中；封长史欣为上将军，并派他率领章邯的二十万军队作为先锋，西进攻打秦国。

项羽带着部队西进到了新安（今河南省新安县），他们在新安安营扎寨，驻扎了下来。项羽军队中有很多是农民出身，他们在参加反秦的部队以前，被秦国的官员、士兵欺压得很惨。章邯的二十万部队中就有很多人欺负过这些农民，他们投降项羽以后，这些农民出身的军官开心了，他们终于找到机会报仇了。于是，他们就像对待奴隶一样驱使这些投降的士兵，动不动就侮辱他们。

投降的士兵们偷偷地聚到一起说："我们被章邯将军骗了。他带着我们投降了项羽，项羽是各地反秦部队的首领，我们也要跟着他一起去攻打秦国了。如果我们能够攻破秦国，推翻秦国的黑暗统治，那最好不过了。如果我们不能攻破秦国，而是失败了，项羽和各位反秦的将领一定会带着我们逃到东面去。我们的家都在关中，到时候秦二世一定会派人杀了我们的父母、妻子和儿女的。"

很多投降的士兵都觉得这话说得很有道理，他们的心中非常矛盾。这些投降士兵的议论被项羽的一个部下听到了，他偷偷来到项羽的营帐中报告说："刚才我听到秦国投降的士兵们在悄悄议论说能打败秦国最好；不能打败秦国，将军必定带着他们到东面去，到时候他们的父母、妻子、儿女都要受到连累。这不是一个好征兆啊！恐怕这些士兵到了关中要谋反的。"

项羽听到部下的汇报，心中不快。他马上派了自己的亲信混到投降的士兵中去了解情况。亲信回来后，证实了部下的汇报。项羽又派人去把黥布和蒲将军找来，他们商议说："秦国投降过来的士兵尚有二十万人，这是一支不可忽视的力量。现在他们议论纷纷，不服我们的领导，如果到了关中，他们谋反了，事情就不妙了。不如趁现在还没有到关中，先把他们杀了，只带着章邯、长史欣和都尉翳到关中。这样子我们比较容易控制他们。"黥布和蒲将军觉得项羽说得很有道理，也都同意

悲剧英雄 项羽

悄悄击杀这些投降的士兵。

晚上，项羽派人到投降士兵的部队中传令说："全部到新安城南集结。"原来，新安城南有一片低洼的地方，人走到里面就不容易出来了。黥布和蒲将军已经带着部下在这里悄悄埋伏了起来，只等那些投降的士兵一到，就发起进攻，把他们全部活埋在这片低洼地中。

投降的士兵们接到命令，都来到了城南的低洼地中。这天晚上月黑风高，不时有怪异的声音从远处传来，这些投降了的士兵们心中都非常害怕。忽然，四周响起了震天的喊杀声。原来，黥布和蒲将军带着楚军冲过来了。楚兵们一边喊着，一边往低洼地中掘土。瞬时间，低洼地笼罩在一片凄厉的喊叫声中。

一夜过去了，投降的二十万秦兵全部被活埋在了新安城南的低洼地中。

第六章

刘邦先入关中

刘邦的大军开进了咸阳城。将士打开府库，分金取银；萧何带人进入丞相府中，把秦朝的有关档案资料运到军营里；刘邦走进秦王宫中，但见雕梁画栋，精细无比……刘邦和那些抢钱拿物的将士们，自然不会有人称道，唯有萧何抢书，倒是得到后人好评。因为这些图籍档案，为后来刘邦战胜项羽，建立汉朝，发挥了重要作用。

高阳酒徒

项羽始终在主战场正面攻击秦军的主力。巨鹿之战，以少胜多，沉重打击了秦军主力，士气日盛。随后，从秦二世二年冬到三年七月，楚军在漳水对峙章邯军，足足八个月时间，牵制着秦军主力，直到章邯投降，这种局面才结束。

刘邦在这段时间内，以少量兵力避实就虚，趁机向西进发，直奔咸阳，作战指挥的灵活性充分体现了出来。

也就是从这时候起，刘邦独当一面，举起了灭秦的大旗。这也是刘邦走向天子之位的关键一步。细细想来，的确既是运气，也是人力。刘邦、项羽共同打仗，项羽当先锋，刘邦为接应。项羽在前面杀人，被人们认为残忍；刘邦在后面收拾残局，被人们当成仁慈……

几天之后，刘邦从砀地出发，一路收罗陈胜、项梁散兵，挥师北上，打破城阳，攻克杜里，连败秦军，全军将士和刘邦都欣喜异常。

接着，刘邦在东郡（今河南省濮阳西南）附近打下几次胜仗，收编楚将陈武、魏将皇欣、魏申徒武蒲的军队，队伍增加到两万多人。

秦二世三年（公元前207年）二月，刘邦率兵南下，兵围昌邑（今山东省金乡县西北）。昌邑守将据城固守。刘邦与彭越联合攻打，城中拼死抵抗。刘邦害怕拖延时间，决定放弃攻打，从此又与彭越分别。彭越依旧在巨野泽（今山东西南）中干他原来的事情——做群盗。

刘邦率兵西进，路过高阳，在这里，他得到他的一个重要谋臣郦食其和郦商。

郦食其是高阳（今河南省杞县西）的一个老儒生，平生最爱喝酒，家贫落魄，无以生计，只好在里中做监门吏。虽然如此，高阳县中人不敢派他差役，都认为他是一个狂士。

刘邦手下有一骑士，正是郦食其的小老乡，回乡省亲碰到了郦食其。郦食其说："我听说沛公刘邦素来傲慢无礼，但是志向远大。我正想跟这样的人交往，但是没有人给我介绍。你回去对他说，我们里中有一个儒生叫郦食其，年龄六十多了，身高八尺，人们都叫他狂士，但是他自己却说自己不是狂士。"

骑士说："沛公不喜欢儒生，有很多人戴着儒生的帽子去见他，沛公常常取下人家的帽子来当尿壶。他与人说话，经常骂骂咧咧。不能说你是儒生！"郦食其说："那你就说我是高阳酒徒。"

骑士回告刘邦，把与郦食其说的话详细地告诉刘邦。刘邦令骑士去召郦食其。

郦食其到达刘邦住所的时候，刘邦踞坐床上，两个女子正在给他洗脚。刘邦看到郦食其进来，依旧坐着不动，女子照旧给他洗脚。

郦食其走上前去，只打了一拱，也不行大礼，开口说："你领兵到这里，是帮助秦兵讨伐诸侯呢？还是跟天下诸侯一起消灭秦国？"

刘邦骂道："竖儒！天下人惨遭秦国暴政的折磨已经很久了，所以天下诸侯联合灭秦！你糊涂到了如此地步，还说什么辅助秦兵讨伐天下诸侯？"

郦食其说：“你既然起义兵翦灭暴秦，为什么摆出这副样子来见长者？你如此傲贤慢士，谁愿给你出谋划策？”

刘邦听着觉得有道理，马上停止洗脚，提着衣服，赤着双脚，站起来礼请郦食其上坐，致歉说：“刚才先生来得匆忙，一时礼数不周，切莫见怪，海涵，海涵。”

于是郦食其先说六国纵横，后论秦国无道，口若悬河、滔滔不绝，仿佛苏秦、张仪再世。

刘邦大喜，叫人给郦食其摆上酒食，详问伐秦入关大计。

郦食其一边喝酒，一边高谈阔论：“将军收罗乌合之众，率领散乱之兵，总共加起来不过数万人，就想直入关中，进攻强秦，真是驱群羊入虎口！依我看，不如首先占有陈留。陈留是秦国囤粮之所，城中积粮很多，足以补充军需。陈留是天下战略要地，四通八达。我与陈留县令素来不错，愿去劝降。如果他不从，将军引兵攻城，我可以为内应。占领陈留，作为根据地，然后寻找机会攻入关中，这才是万全之策。”

刘邦听了很高兴，派郦食其依计行事，刘邦派兵暗中跟随。

郦食其到了陈留，以三寸不烂之舌游说县令，任他说得天花乱坠，县令不为所动。郦食其话锋一转，又为县令献计守城。县令被他感动，设宴置酒款待。郦食其本是高阳酒徒，酒量大得惊人，三杯下肚，要求更换大杯畅饮。县令不知是计，酒量不是他的对手，早被郦食其灌得大醉，被众人扶入内室昏睡。

郦食其乘机潜出县衙，假传县令之命，打开城门，迎接刘邦大军入城。不费吹灰之力，刘邦轻取陈留，缴获了大批粮草。陈留县令酒醉未醒，被乱军杀死。

刘邦出榜安民，严肃军纪，不准扰民。城中百姓很快臣服，各自安居乐业。

刘邦佩服郦食其神机妙算，奖励轻取陈留之功，封为广野君，留在身边作为谋士。

郦食其的弟弟，名叫郦商，有勇有谋，早就暗中组织人员反秦。郦食其推荐给刘邦，刘邦命其招旧部和陈留子弟，得数千人，封为裨将，随军西征。

秦二世三年（公元前207年）三月，刘邦军队经过休整，兵围开封。开封未下，秦将杨熊领兵增援。刘邦撤开封之围，率兵北击杨熊。两军在白马（今河南省滑县东）开战，刘邦兵马突然袭击，击溃秦兵。杨熊带着败兵向荥阳（今河南荥阳东北）逃去，到了曲遇（今河南中牟县东）东，摆开阵势，准备跟刘邦决战。刘邦命令樊哙为左军，夏侯婴为右军，自统中军正面迎敌；又令周勃、灌婴率军背后包抄。秦军与刘邦军正面酣战，空前激烈，难解难分。周勃、灌婴从后面杀来，秦军被两面夹击，队伍混乱。刘邦趁机催动人马猛烈攻击，把秦军分割成数块，围而歼之。秦军大败，杨熊只得带领一股残敌，继续向荥阳逃去。

这是刘邦西进关中最激烈的一战，刘邦大获全胜，士气大振。刘邦也因此更进一步加强了先入关中、消灭秦国、为关中王的决心。刘邦大军进驻曲遇，犒赏三军将士。事隔几日，传来消息，杨熊兵败被杀。此时，刘邦附近已无强敌，遂进兵颍川（今河南省禹县）。

秦二世三年四月，刘邦大兵围攻颍川郡府阳翟（今河南省禹县）。阳翟城高池深，兵多粮足。刘邦连攻数日，仍不见效，苦无良策。

此时，张良突然到来，刘邦喜不自胜，故人重逢，欢欣非常，互道离别后的情况。

张良说：“自从与沛公分别之后，协助韩王成兵略韩地，虽然取

得几城，但又被秦军夺回。因此，只好在颍川左右，来来往往进行游击战，消灭秦军有生力量。听说沛公到此，特来相见。”

刘邦说：“先生来得正好，帮我攻下阳翟，我再帮助韩王抢占地盘。”

张良巧献一计，火攻阳翟城门，破城而入，杀散守兵，占领了阳翟。

两人正商议攻打荥阳，听说赵将司马印渡河入关。刘邦害怕落后，急忙领兵北上，攻打阳丰（今河南孟津县东），切断司马印西进通路，率师向南攻打雒阳（今河南洛阳市东北）。雒阳城高池深，一时难以攻破，刘邦立即挥师前进，进入辕山区（今河南偃师县东北）。

辕山山路崎岖，通道盘旋，地势十分险要。《史记索隐》曾说，辕山有九十二弯，是天下险要之处。正是由于道路艰险，秦国没有派兵把守，为了抓时间，抢速度，刘邦不得不铤而走险。所幸顺利通过。

过了辕山，进入原韩国故地，刘邦与张良密计，一路夺关斩将，很快打到了阳城（今河南省登封县东南告城镇），缴获战马千匹，占领十余座城池，韩地基本扫平。刘邦留韩王成镇守，向韩王成借了张良，继续西进。

稍后，刘邦带兵攻打南阳郡，准备从武关进入秦地。南阳郡守率兵追击刘邦军，被刘邦先锋樊哙击败，退回宛城（今河南省南阳市）。宛城是南阳郡首府，城池坚固，又有重兵把守，刘邦急于入关，立即从城西绕道而过，直扑武关（今陕西省商南县西北）。

刘邦大军离开宛城几十公里，直到丹水（今河南省淅川县西）。日坠山头，暮色将起，暑热开始散去，凉风徐徐拂面而来。头脑发烧的人往往在这个时候开始清醒。只见张良快马加鞭，一下子跑到刘邦马前，拦住了去路，刘邦忙勒住马。

张良请沛公歇马，说：“我有一件事不明白，特来询问清楚。”

“先生有话直说，不必客气。”

“前日沛公兵精粮足，反而要到韩王那里借我，我不知是何用意？”

刘邦笑着说：“先生深谋远虑，我想经常听到你的教诲，这有什么不明白的？”

张良也笑着说：“这一整天偷偷行军，我想了好多时候，才觉得有一事应该提醒提醒！”

“先生请讲！”

“沛公虽然急于入关，但是秦兵还很强大，他们会凭借险阻拼命抵抗。如今宛城未下，前面又有强敌。秦兵前后夹攻，我还没有想出用什么妙计可以退敌！”

刘邦忙问如何处置，张良附身低言如此如此。刘邦大惊，急忙下令全军，骑兵在前，步兵在后，星夜兼程，务必在天明之前，把宛城围个水泄不通，里三层，外三层。五更天时分，刘邦大军把宛城围了起来，刘邦下令各军挂出全部旗帜，摆出各种武器，整个宛城被围成铁桶一般。

天刚发亮，太阳还未升起，只听得鼓声震天，号角齐鸣，刘邦大军发动了攻势。南阳郡守听得探子回报，刘邦大军已经西进，才放下了一颗悬着多日的心，回府安心睡了一夜。听到城外鼓角齐鸣，登城一见此等情况，早吓得三魂一下子少了二魂，幸亏左右及时扶住，才没瘫倒在地。这就是刘邦采纳张良突然袭击宛城，威迫降敌之计。

刘邦放弃宛城不攻，准备急于进入关中之时，张良就已经定下了妙计，但是他不急着去对刘邦说，因为他知道刘邦从善如流。等到迷惑住敌人之后，他及时劝阻刘邦西进，飞兵围住宛城，打了秦军一个措手不

及。南阳郡守看到如此紧急情况，大声叫道："兵临城下，早晚是死。迟死不如早死！"拔剑就要自杀。食客陈恢一步向前抱住，高声说道："主人不要性急，离死还早着呢？"

郡守无可奈何地垂着头，说："先生有何妙计，还可以救我不死？"

陈恢说："我听说，刘邦当年曾经义释押送的骊山刑徒，按理是个宽厚仁慈的人。如今天下大乱，鹿死谁手尚未可知。大人何不归顺于他，既可保住性命，保全禄位，还可让全城军民免遭杀戮。大人如果情愿，小人愿去游说刘邦，确保万无一失。"

郡守无计可施，只好叫陈恢去试一试。陈恢缒城而下，声称要见沛公。

张良忙劝刘邦将此人请进。

陈恢说："我曾听人说，楚怀王与诸将相约：'先入咸阳者王之。'如今沛公围攻宛城，恐怕一时难以攻下。宛城是一个大地方，有数十个城池可以互相支持，人口多，积蓄广，官吏们都认为投降是死，战死也是死，所以都坚决据城拒敌。如果沛公拼力强攻，杀人三千，自损八百，士卒死伤者必众；不攻下宛城，贸然引兵西进，宛兵必追无疑；沛公必然两面受敌。沛公如果攻下宛城，入关就会落在他人的后面；沛公不攻宛城，又要两面受敌。下人已经给你想好了一条妙计：不如招降，封郡守为官，还是叫他镇守宛城，沛公带兵快速西进。那些未下之城，难道还不闻风而降吗？沛公通行无阻，还怕不先入咸阳吗？"

张良急忙给刘邦使眼色，暗示他应允，刘邦没有不同意的道理，马上采纳陈恢意见，派陈恢回去告知郡守。

秦二世三年（公元前207年）七月，南阳郡守打开宛城大门，迎接刘邦大军入城，刘邦封郡守为殷侯，镇守宛城，封陈恢为千户侯，辅佐郡守政事。其他之人，一律保留原职。

陈恢出城游说刘邦，不说郡守吓得要死，准备自杀，而只是告知刘邦，如果强攻，必然杀人三千，自损八百，并且还要耽误入关大事；如果允许宛人归顺，不仅可以一路畅通无阻，早日入关，获取“王关中”的政治优先权，而且还不会损兵折将。他真替刘邦想得周全。张良希望的就是这个结果，所谓“不战而屈人之兵”就是如此。

张良一计，刘邦就顺利抵达武关，进入咸阳，一人之谋胜兵力多矣。当然，之所以能“不战而屈人之兵”，也是因为有实力作为后盾。

休整几日之后，刘邦带领大兵出宛城，经丹水，过胡阳（今河南省唐县南），过郦（今河南省内乡县东北）、淅（今河南省内乡县西北），沿线城镇，箪食壶浆，闻风而降。刘邦尝到了文攻的好处，严令将士不得骚扰百姓，所到之处，秦民安居乐业，人人欢喜。刘邦大军直向武关扑去。

从这段进军的经过可以看出，刘邦力量小，用兵又不如项羽，但却所向无敌，抢先而行，不外乎顺人心而已。

刘邦为了入关，他说变就变，得到了谋士郦食其；他放弃昌邑不打，引兵急进；他避开敌人，翻越辕山，直插韩国故地；他冒着被前后夹击的危险，放弃宛城不攻；他被派去偷袭秦国首都咸阳，能躲就躲，能绕就绕，比项羽提前两个月进入关中，取得了“先入关者王秦”的政治上的优先权，还博得一个“仁义”的好名声。

而项羽，披坚执锐，勇往直前，气吞万里如虎，从来不知什么叫投机。他是一个真正的战士，却不是一个谋略家。

赵高伏诛

秦二世三年八月。刘邦军攻破武关，进抵蓝田关，这已是进入咸阳的最后关口，三秦大地就在眼前了。这时，秦军主将章邯已率二十余万秦军主力在殷墟投降项羽。

秦廷眼见就要毁于一旦，就在这一个月，赵高把胡亥除掉了。一个拥有权力而又没有监督的人，一旦用权力谋取私利就会愈发狂热地追求权力。他对权力的欲望如滚雪球一般永不休止，赵高正是这样一个人。他在秦廷的权力斗争中相继除掉了蒙恬、蒙毅、李斯、冯去疾等大臣，诱使秦二世深居宫中，自己独揽大权，但他仍贪心不足，权力欲更加膨胀。

赵高威权日重，已像软禁一样把秦二世深锁宫中，不问外事。又担心朝臣有不满情绪，于是借口献马，入报秦二世。秦二世道："丞相一定献的是好马，可以马上牵来。"赵高于是命从吏牵入。秦二世发现是一只鹿，而非马。便笑说道："丞相说错了！这分明是只鹿。"赵高仍坚持是马，秦二世不信，顾问左右，左右都默不作声。几个胆大的侍臣在秦二世的诘问下承认这是只鹿。秦二世哈哈大笑说："我说呢，分明是鹿，怎么会是马？丞相花了眼，朕可是看得清清楚楚的呢！"

赵高面有愠色，什么也没说，掉头便走。过了几天，赵高诱骗那几位说是鹿的侍臣出宫，抓捕后借口“妖言惑主”立即斩首。胡亥对此居然不闻不问。从此以后，宫内的近侍和朝中的大臣，更加害怕赵高，对他唯命是从。赵高更是肆无忌惮，越发嚣张。赵高又献给秦二世一束蒲叶，声称是“肉脯”。甚至指青色为黑色，指黑色为黄色，整天在秦二世面前胡说八道，秦二世左右都随声附和，秦二世越加疑惑不解。便召太卜，令他问卜。太卜早已听从于赵高，便谎称：“陛下当祭祀天地、宗庙、鬼神之时，未尽洁净斋戒，所以会这样。如今只有修明斋戒，才能消除。”秦二世信以为真，便到僻静的上林中斋戒。

秦二世虽处斋宫，但一向纵情享乐，根本不可能认真斋戒。于是，在上林苑每日打猎行乐。一日，正在射猎之际，一个行人突然误闯进来，被秦二世发现，亲手将他射死。在秦二世，平日杀人如麻，本不足为怪，不料被赵高得知，又生一计，密令其女婿咸阳县令阎乐，上奏说：“不知是谁将人射死，又移尸上林之中。”既上此奏，秦二世自然说：“是我杀了此人。”赵高于是有意进谏道：“天子将无罪之人无故杀死，有背于天命，天将降祸，应该暂时离开宫殿，去远处避灾。”

原来赵高一味迎合秦二世，经常说道：“关东群盗，不足为患。”不料自己身为丞相，世事日危。项羽既擒王离，章邯屡败，多次请求救援，又派司马欣来京，赵高担心被责问，从不上报。等到章邯被迫降楚，项羽更加增强了实力，关外群起而响应。沛公又已领军入关，赵高见火烧眉毛，无法继续隐瞒，唯恐秦二世见责，于是佯装卧病在家。沛公又私下派人要求赵高作为内应，赵高答应了。于是想办法让秦二世移居上林，后来又移居“望夷宫”。一则使之避不见人，便于蒙骗，并且远离自己，免受责罚；二则万一到最后关头，就出卖秦二世，以换取富

贵。因为此调虎离山之计，可以应付紧急情况。

然而就在这时，刘邦率军攻陷武关，进军咸阳，一路上畅通无阻。刘邦要求赵高立刻投降。赵高善于内部的争权夺利，却根本不懂内政、外交，调兵遣将、指挥战争更不用提。此时他急得像热锅上的蚂蚁。他平时一直声称关东群盗不足为惧，如今关东群盗就要兵临城下，军情无法再隐瞒。他很害怕秦二世得知实情，降罪于他，自己难保性命，只有装病，在相府终日宴饮，得过且过。

秦二世平日，事事依靠赵高，偏赵高连日不至，感到惊慌失措。心烦意乱，噩梦缠身，模模糊糊地，看到一只白虎，直奔过来，竟咬死他的坐骑，还要跳跃起来，秦二世从梦中惊醒，心仍狂跳不止。翌日起床，更加心慌，乃召太卜入宫解梦。太卜声称泾水作怪，须秦二世亲祭水神，方可消灾。秦二世信以为真，直趋泾水岸旁的望夷宫，斋戒三日，然后亲祭。此时有左右侍臣告知他天下大乱，且楚军已入武关。秦二世大惊，赶紧派人责问赵高，叫他立刻派兵平乱。秦二世昏庸，话说起来容易，赵高若有办法，也不致于如此了。他派人责问赵高，只能是促使赵高动杀心。赵高没什么本事，只善于钻营，夺取大权，根本不知如何调兵平乱，何况敌军逼近，大势已去，回天无术。赵高便企图出卖秦二世，嫁祸于他，便可与楚军议和，以保全性命。立刻召入季弟赵成及女婿阎乐，私下商议。赵成为郎中令，阎乐为咸阳令，是赵高最亲密的心腹。赵高于是告诉二人：“主上向来不知乱势，如今要降罪于我，我现在只有先下手为强，改立公子婴才能不致灭门。婴素得人心，也许能化险为夷。”成与乐唯唯听命。高又道：“你二人里应外合，则大事可成！”阎乐听了，反而犹豫地说：“宫中也有卫卒，怎样进去？”赵高答道：“就说宫中有变，率兵捉贼，便可进宫。”阎乐与赵成奉命而去。赵高又怕阎乐改变主意，便派人拘禁阎乐之母作为人质。阎乐于是率千余吏卒，直抵望夷宫。

宫门里面，守着卫令仆射，忽然发现阎乐引兵前来，忙问何事。阎乐命人反绑住他两手，然后大声斥责："汝等难道不知宫中有贼吗？"卫令道："宫外驻扎卫队，严加防备，贼怎敢擅闯！"乐怒道："汝还要狡辩！"说着，便一刀将他斩首，随后长驱直入，令士卒射箭开道。内有侍卫郎官及宦官仆役，纷纷仓皇而逃，几个卫士也都被斩杀。赵成又出来招呼阎乐，同入内殿，乐仍放箭恐吓，直到秦二世面前。秦二世大惊，忙命左右护驾，左右反而逃跑，秦二世吓得转身跑入卧室。回顾左右，只留下一个太监，因急问道："汝为何不先告诉我，现在怎么办？"太监道："臣不敢言，才能活到现在，不然早死了！"

话没说完，阎乐已经追入，对秦二世大声喝斥："足下残暴不仁，天下皆反，何去何从，自行定夺！"秦二世道："何人派汝而来？"阎乐回答说丞相。秦二世又道："可否见见丞相？"阎乐连称不可。秦二世道："丞相是想让我退位，我愿做一个郡王，不做皇帝，可好吗？"阎乐不许。秦二世又道："那做个万户侯可好？"乐又不许。秦二世抽泣说："愿丞相准我与妻子同为布衣。"乐怒道："臣奉丞相命，为天下诛足下，足下无须多言。"说着，向前欲杀秦二世。秦二世自知性命不保，只好一狠心，拔剑自刎。在位总共三年，年二十三岁。

阎乐报知赵高，高得知秦二世已死，十分高兴，立刻进宫抢得传国玉玺，佩带身上。本想自己做皇帝，又担心天下不服，于是便立公子婴，等到同楚军讲定和议，再作打算。于是召集一班朝臣及宗室公子，宣布："秦二世不肯从谏，暴虐无道，人神共愤，已自刎而死。公子婴忠义仁厚，应该嗣立。唯我秦本一王国，自秦始皇统一天下，乃称皇

帝，如今六国复兴，又陷于分裂，秦地不比以前，不应空沿帝号，应当仍旧称王。”大众心中都觉不满，但慑于淫威，勉强答应。赵高便令子婴斋戒，择日正式继位。一面收敛秦二世尸首，如草民一般草草下葬。可怜秦二世只做了三年皇帝，不得善终，也是咎由自取！

公子婴虽被推立，心想赵高杀君，大逆不道，如果不除掉他，将来一定会篡位。旁顾大臣公子，都不可信，只有膝下二子，可以相告，于是召入对他们说：“赵高敢弑秦二世，当然不会怕我！只是尚未部署妥当，暂借我做个傀儡，终会废我篡位。我不先杀赵高，定被他所杀。”二子听着，不禁落泪。这时一个人突然踉跄走进来说：“可恨丞相赵高，派人去楚营求和，将要大杀宗室，自称为王，与楚军平分关中了。”这人正是子婴心腹太监韩谈，可与之商议，于是低声嘱咐道：“我知道他居心叵测，今使我斋戒数日，祭祀祖先，分明是企图在庙中除掉我，我应该称病以避祸。”韩谈答道：“公子只说有病，恐怕还不行。”子婴道：“我若不去告庙，高必亲自前来，汝可与我二子，在两旁埋伏，等高进来，伺机杀死他，则可无患了。”谈欣然领命，与子婴二子做好准备，只等赵高送上门来。

赵高派人到沛公营，打算与沛公平分关中，偏沛公拒不答应，叱还高使。高奸计不能得逞，又担心人心益散，急于让子婴继位，以安定局势，因此定了日期，派人告知子婴，子婴并不推辞。到了这一天，赵高先至庙中，很久仍不见子婴。多次派人催促，回称公子因病不能前来。赵高愤然道：“今天是什么日子，怎么能不来？我当亲自前往。”说毕，立刻赶至斋宫。下马入门，遥见子婴睡在案上，便大声呼道：“公子今已为王，应该即刻入庙告祖！”话没说完，杀出三个人，持刀大声喝斥。赵高还没反应过来，已一命呜呼。子婴见已除掉赵高，立刻召集群臣入宫，指示高尸，历数罪恶。群臣都称子婴英明，并说赵高死有余辜，应诛三族。子婴表示赞同，便派兵捉拿赵高家属，包括赵成、阎乐，全部处死，随后往告祖庙，继承王位，派兵镇守关中。

约法三章

刘邦大军击破蓝田关后进兵灞上（今陕西省西安市东），与张良、萧何等人商议，决定先礼后兵，给秦王子婴送去一封劝降书。子婴看到刘邦兵临城下，朝中官员也纷纷逃亡，自知已到山穷水尽，回天无力，只得答应投降。

秦王子婴只当了46天秦王，就坐在用白马拉着的一辆白色丧车上，用绳索套住自己的脖颈，代表有近千年历史的嬴秦氏族服罪、忏悔。这是一幅多么悲惨的景象，好端端的一个大秦王朝，几年之间就灭亡在赵高、胡亥等人手里。

秦王子婴投降了，成了刘邦的俘虏！刘邦说：怀王命我入秦，就是因为我宽容大度，不滥杀无辜；且子婴已降，杀他有失仁义！

刘邦的大军开进了咸阳城。将士打开府库，分金取银；萧何带人进入丞相府中，把秦朝的有关档案资料运到军营里；刘邦走进秦王宫中，但见雕梁画栋，精细无比……

刘邦和那些抢钱拿物的将士们，自然不会有人称道，唯有萧何抢

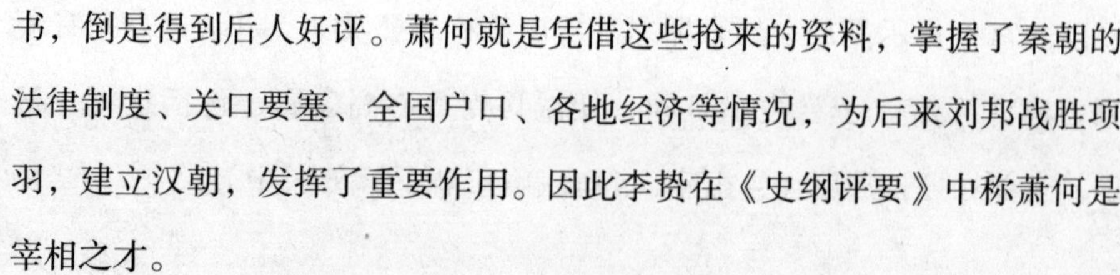

书，倒是得到后人好评。萧何就是凭借这些抢来的资料，掌握了秦朝的法律制度、关口要塞、全国户口、各地经济等情况，为后来刘邦战胜项羽，建立汉朝，发挥了重要作用。因此李贽在《史纲评要》中称萧何是宰相之才。

刘邦经过张良的劝阻还军灞上，自然是一件明智之举，翦伯赞在《秦汉史》中说："咸阳城里，烧杀淫掠，已经闹得不成世界，张良觉得不大妥当，才劝刘邦还军灞上。"

刘邦走出了秦宫，回军灞上，才清醒过来，自己虽然拿到了"王关中"的执照，但离揭牌开业还远着呢。后来的事实证明，这张执照缺乏应有的实力支持。既然准备"开业"，就得有所表示，于是刘邦回到灞上之后，发表了一篇讲话，《史记·高祖本纪》载：

> 召诸县父老、豪杰曰：父老苦秦苛法久矣，诽谤者族，偶语者弃市。吾与诸侯约，先入关者王之，吾当王关中。与父老约法三章耳：杀人者死，伤人及盗抵罪。余悉除去秦法。诸吏人皆案堵如故。凡吾所以来，为父老除害，非有所侵暴，无恐！且吾所以还军灞上，待诸侯至而定约束耳。

这就是中国历史上著名的约法三章，这是刘邦的政治宣言书，也是刘邦笼络秦民的利器！

"约法三章"真要执行起来并不容易！

从本质上说，"约法三章"只是一个政治口号，并不是真的只有这样一句话，如果过度追究，把它当真，难免拘泥。何况，古人也常常以"三"这个虚数表示多的意思，也不见得这里就表示一个实数。

刘邦的这一篇政治宣言书，是给父老、豪杰的一颗定心丸，拉拢了秦朝的劳苦大众！

和平“解放”咸阳之后，刘邦并不轻松，要当“关中王”不是这么容易的，他还面临着许多难题，集中起来有以下几方面：

第一，秦王子婴杀不杀，秦朝的官吏如何处置。如果子婴负隅顽抗，处死他名正言顺；如果投降的不是秦王子婴，而是秦二世胡亥，处死他顺理成章。可是这位主动投降的秦王子婴，偏偏在秦人心目中印象不错，不久前又设计杀死了人见人恨的赵高。但不处死他，诸将不服气。可是刘邦几句话，就把诸将给挡了回去。

其实，杀不杀秦王子婴，以刘邦这样的性格，真是无所谓，但是，秦朝的那一大批官吏如何管束，秦国的那些百姓谁去号令，留下秦王子婴，就有一个抓头，就抓住了问题的关键。所以刘邦的那大段关于不杀子婴的话，不过是用来搪塞众人的一个借口而已，而这件事情被他轻轻一拨，处理得天衣无缝。

第二，秦国的财产如何处理。刘邦对此也是手足无措，他自己也想住到秦宫里去享受享受，所以，他让大家抢劫一番，自己也赖着不想出来。最后，他听从张良等人劝说，驻军灞上，把这些秦国的宫室、财宝交给子婴这帮人去管理。其实能够拿得动的东西，早已被他的部下拿走了，如果将来有人追究，他还可以一问三不知，一推六二五，他的算盘倒打得颇精。

第三，如何对待秦国的严法苛刑。秦国法网密布，是套在百姓头上的沉重枷锁。刘邦出身于一个农民家庭，他深知最下层百姓所受的灾难。继续执行秦法，无疑是自己跟自己过不去，全部废除秦法，无法无天，百姓不好驾驭，于是他来个“约法三章”，简明扼要，像歌谣一样

好记，这“约法三章”，只能是个临时的规矩，但其影响不可低估。

无论是对待是否杀秦王子婴的问题，还是对待秦国财产、法令的问题，刘邦始终围绕着一个核心，就是人心的向背。能够笼络人心的，能够有利于他当关中王的，他就尽力去做，克制自己的欲望。最为集中的表现，自然是“约法三章”。

“约法三章”无疑是刘邦进军关中以来收拢民心的集中体现，其核心自然是当“关中王”。因此，刘邦在进军途中，经常表现出不扰民的举动，还与父老“约法三章”，采取了一系列的措施，收到了很好的政治效果。

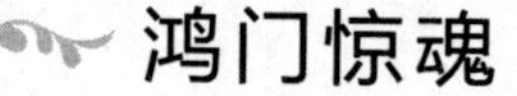

鸿门惊魂

打天下除了战场上的生死搏杀之外，更重要的是更加险恶的“政治斗争”。刘邦被誉为“厚黑祖师”，天生的政治斗争的高手；项羽是“西楚霸王”，历史上最有名的战神。两雄相争，刘邦是屡败屡战，越败越强；项羽则是屡胜屡战，越胜越弱，这是由双方政治路线决定的。

正当项羽坑杀二十万降卒之际，刘邦听人劝说，派兵把守关隘。《史记》等书只记载是“小人”，叫刘邦这样干的，而野史则说这人是樊哙。樊哙由于张良的指使说服刘邦还军灞上，因而企图征服天下，自己也想弄个将军、元帅当当；进而劝谏刘邦说：“秦国之富裕是天下十倍，地势形胜，足以为王。如今项羽收降章邯，封为雍王，现在率兵西进，已到关外，他的意图就是企图违背怀王约定，一定是想占领关中，如果不早点想办法，项羽大兵就要来了。”

刘邦说：“项羽如果率兵前来，我就不能当关中王了！怎么办呢？”

樊哙说：“立即派遣兵将把守函谷关，不准诸侯大兵入关，再征集关中之兵固守，这样大概就行了。”

刘邦认为樊哙之计可行，即派人带兵拒夺函谷关，不准诸侯大兵出入。

秦地西面是陇关，东面是函谷关，南面有武关，北面有临晋关，西南面有散关。秦国之地就在这个范围之内，所以叫关中，被称为四固之国，进可以攻，退可以守。刘邦入关是从南面的武关，而项羽这次进军关中则是东面的函谷关。

项羽大兵来到函谷关下，关门紧闭，不让人自由出入。听说刘邦已经平定关中，心中一时火起，自己浴血奋战，又让刘邦立下头功，下令英布率兵打关。英布骁勇，兵强力壮，不一日函谷关即被打破。项羽带领大军进入关中，驻军在戏下（今陕西临潼附近）。

项羽破关而来，很显然是与刘邦争王关中。假设刘邦不听樊哙、张良之劝，在秦王宫中享乐，作为关中之王，那将出现何种局面？即使这样，项羽也是怒火中烧，只要有一个小小的借口，他就会大动干戈，翦除刘邦，取得独霸的地位。

正巧这时，刘邦部下左司马曹无伤暗遣使者密告项羽说：“沛公准备为关中之王，叫秦子婴为相，独吞了秦国所有金银珠宝，并且派兵守关，不准诸侯大兵入内。”

左司马这一官位虽然不高，但是主管军事机密，所以知道刘邦的具

体部署。曹无伤的这一密报，令项羽立即勃然大怒。

谋士范增忙在一旁煽风点火，说：“刘邦在山东老家时，贪财好色，乡间之人都很讨厌。如今进入关中，不取财物，不纳美女，还与秦地百姓约法三章，我看他的志向在于夺取天下。我夜观天象，刘邦之气，皆成龙虎，五彩缤纷，这是天子之气。将军必须尽快出兵攻打，免成气候，否则后果严重。”

范增的话自然是火上浇油，特别是用天象之说打动项羽。今天看来，这种说法只是一种好听的笑话，但是在那个年代，人们总是坚信不疑。

项羽听了范增的话，立即下令：“明日犒赏三军，攻打刘邦，为我消这口怨气。”

各路将领听到命令，自去准备。

项羽军中有一个人物，名叫项伯，是项羽叔辈，与张良有深交，他曾经杀人，得到了张良的很大帮助，才逃得了性命。

项伯一听这个命令，心中自然想起了张良，反复思考：“张良现在刘邦军中，如今两军交战，必然玉石俱焚。如果差人密报，唯恐于事不济。”

项伯思来想去，决定亲自去走一遭。

当时项羽共有兵卒四十万，号称一百万，驻扎于新丰鸿门，刘邦兵卒只有十万，号称二十万，驻扎于灞上。两地相距大路四十里，小路只有二十里。

夜幕降临，项伯独自骑上一匹快马，借故走出军营，连抽两鞭，向灞上飞奔而去。二十里路，快马奔走，不到半个时辰已到灞上，却被刘邦副将夏侯婴拦住去路。

夏侯婴问：“你夜半三更，匹马而行，又无从人，来此何干？”

项伯说：“我是张子房好友，有急事相见。”

夏侯婴带着项伯去见张良。夏侯婴先差把门小校传报守门官，守门官传报中军左哨，而后夜巡击柝三声，中军左哨小角门半开，一名健将高声喝问：“有甚军情？”

项伯看到旗帜排列，营垒整洁，队伍井然有序，心中寻思：“刘邦的确非同小可！范增曾说他将来必然大富大贵，看他军营布置，此言不虚。”

夏侯婴忙上前回答：“我寻哨遇一男子，不知姓名，自称子房旧友，匹马只身，未带兵器，不敢擅入，专候台旨。”

那名健将又进去报告。

张良正与刘邦在内屋议事，忽听报告：“子房先生故友在外，急欲求见！”

张良急出一看，见是项伯，急忙邀入中军外屋，命士卒献茶。

项伯令张良摒去士卒，立即将项羽明日准备攻打刘邦之事告知，带着张良就要起身，说：“不跟着我走，恐怕玉石俱焚。”

张良留住项伯说：“沛公从韩王那里借我随军作为谋士，而今沛公遇到如此紧急之事，一走了之，太无情义。我应该先去告诉沛公。”

张良急入内室告诉刘邦。

刘邦大惊失色，忙说：“这到底该怎么对付呢？”

张良问：“谁给沛公出此下计？”

刘邦不肯说出樊哙，随口说：“有小人对我说：‘派兵守关，不纳诸侯，秦国故地可以称王而治。’所以，我听了。”

张良说：“沛公细想，你的兵马能够抵敌项王的兵马吗？”

刘邦默然，说：“本来就远远不如！这事到底应该如何办呢？”

张良说：“沛公和我一起去见项伯，请项伯转呈项王说你不敢背叛。”

刘邦说：“先生怎么与项伯有如此深厚的交情？”

“我在淅江的时候，项伯杀人，我想方设法救活了他，所以今天遇到此等急事，他特地来告诉我！”

“他与你哪一个年长？”

“项伯比我年长。”

刘邦说：“先生替我请他进来，我以兄长之礼去接待他。”

张良又嘱刘邦如此如此，刘邦立即心领神会。

张良出见项伯，说：“请兄见沛公一面，沛公有苦衷欲告。”

项伯说：“我这次来此，专为子房您，何必又见沛公？”

张良说：“沛公是一位忠厚长者，不可不见一面。”再三恳请。

项伯同张子房入见刘邦。刘邦整衣迎接，延之上坐，项伯述说项羽嗔怪之意。刘邦置酒款待，祝酒为寿，约为婚姻。彼此猜疑之意渐消。

刘邦经过一番感情酝酿，才说：“我自从入关以来，秋毫不敢有所犯，登记百姓户籍，封库锁仓，日夜盼望项将军到来。我之所以派遣将领据守关隘，是为了防备秦国余党和其他盗贼，专候将军入关，哪里说得上反呢？希望您把我的这些苦衷告诉项将军，说我刘邦不敢忘记他的大恩大德。”

项伯答应，准备辞去，嘱刘邦说：“明日早来鸿门拜见项将军，消释前嫌。沛公所言，我定替转告，料想项将军不会怪罪。”

张良叫夏侯婴派军卒送项伯回新丰鸿门。

项伯回到军中，立即去见项羽。

项羽问："叔父深夜到来，有何要事？"

项伯说："我有故友，本是韩国公子。当年我杀人之后，全仗他得以活命。如今刘邦从韩王那里借他为随军谋士，恐怕两家交兵，此人难保活命。所以刚去同他说说，叫他回避，顺便了解刘邦入关之情。张良对我说，刘邦先入关中，并无毫厘他意，遣将守关，只是为了防备秦国余党而已，不是为了拒楚。一应宝物、美女、粮食，尽都封锁不敢擅动，秦王子婴也不敢擅自处置，就是为了专等你到来。我想，如果不是刘邦率先入关，我们又怎么能够兵不血刃，轻易入关呢？这是刘邦的大功。如今他有大功，而听信小人之言，反要加害，恐怕于理不顺。他明日要亲来军中谢罪，将军可以从容相待，这样才不失天下大义。"

项羽说："依照叔父之言，刘邦好像没有大罪。如果兴师动众，恐被诸侯耻笑。"

范增说："我劝将军消灭刘邦，是因为刘邦入关以来，约法三章，企图收买民心，他的志向是要夺取天下。如果不趁早剿除，恐生后患。老将军被张良说辞欺瞒，不可全信。望将军思之。"

项伯说："先生要杀刘邦，还怕没有妙计？何必采取军事行动，遭到天下诸侯咒骂！"

项羽说："叔父言之有理，先生再当定计。"

范增说："我有三计，可杀刘邦，望将军取舍。"

项羽说："愿闻其详。"

范增回答："第一计：派人请刘邦到鸿门赴宴，未入席时，将军就责问他入关之罪，他不能回答，立即斩首，这是上计；第二计：如果将军不便自己动手，可以埋伏二百名刀斧手，刘邦入席以后，我举所佩玉玦为号，项王唤出伏兵杀之，这是中计；如果二计不成，可派一人斟

酒，把刘邦灌醉，刘邦是个酒徒，酒后必然失礼，趁机杀之，此为下计。如果项王依此三计，刘邦必死无疑。”

项羽说：“三条计策都用，我看刘邦如何逃过杀身之祸！”

项羽传令大小将校，都做好充分准备，专候刘邦自投罗网。

再说项伯走后，刘邦急叫张良、郦食其、陆贾、萧何等人计议。

刘邦说：“明天去项羽军中之事，的确生死难料。不去，项羽派兵攻打，势难抵敌；如去，又怕进入陷阱，恐怕难保性命。诸位认为该如何是好？”

萧何说：“项羽兵多将广，难以抗衡，不如修书一封，派一个能言善辩之人，将关中所有财物全部送给项羽，只求一郡，再修整兵戎，等候时机。”

郦食其说：“我愿下书，游说项羽。”

陆贾也表示愿随郦食其同行。

张良说：“诸公之言，恐非上策。昔日伍子胥保护平王赴临潼，会见诸侯，受到天下人尊敬。蔺相如使秦，最后完璧归赵，天下人称赞不已。目前虽然实力不比项羽，但是也不能害怕到如此地步，这样在天下诸侯的面前就失了威信。我虽然不才，愿随沛公去赴明日之会，定使范增无法用其谋，项羽无法施其勇，保证无事而回。他日若为天下之王，也可名正言顺。”

刘邦说：“全仗先生神机妙算，看来只好亲自到虎穴里去走一遭了。”

第二天早晨，刘邦带着张良、樊哙、纪信、夏侯婴等人和百余轻骑，一路惶恐不安地前往鸿门。

不时，刘邦又把张良叫到面前说：“我今天此行十分忧虑，唯恐不测。先生何以处之？”

张良说：“沛公放心，我自有办法。沛公尽管记住昨日应答之语，照此回答，自然平安无事！”

距离鸿门尚有五里之遥，早见一支军马到来。为首将领英布大呼：“我奉鲁公之命，迎接沛公！”

双方下马施礼，继续前进。刘邦、张良等人一起到军营大门，陈平出门迎接，立在道旁。刘邦正准备进去，只见军中甲士林立，金鼓大作。

沛公不敢前行，对张良说：“鲁公营内，戒备森严，全无平日气氛，不可入内。”

张良胸有成竹地说：“沛公既然到此，进则有理，退则无路。退后一步，必然中计。沛公暂时稍候片刻，让我先进去看看。”

张良缓步徐行，丁公、雍齿两将把守军门，不放张良入内。

张良说：“请报告鲁公，有沛公借士张良求见。”

丁公进入军中见项羽说：“门外有沛公借士张良求见。”

项羽说：“什么叫借士？”

范增说：“张良是韩国人，五代为韩国臣下，见多识广。如今跟着沛公为谋士，这人此来必是游说。鲁公先杀此人，如去沛公一臂。”

项伯听说此言，急忙说：“不能如此！鲁公刚进入关内，正要收买人心，人才云集，才能成为霸主。为何无故杀害贤人？张良与我关系甚厚，如果鲁公喜爱，我可以劝说。”

项羽吩咐丁公召见张良。

张良来到军中，看到项羽全身披挂，如临大敌，手握剑柄，似乎随时都会一跃而起。张良认为，首先应该叫项羽去掉这些武勇，解除这些装备。

张良说："我曾经听说古代明君治理天下，耀德不扬兵；善于治理天下的圣人，重德不用兵。如今鲁公在鸿门接见诸侯将领，这的确是一件义举。我原来以为，这里一定丝竹管弦、笑语欢声、猜拳行令、尽醉而归。未料想我来到这里，甲兵林立、刀剑森森、金鼓震天、杀气腾腾。这种情境，令人不寒而栗，人各思归。鲁公巨鹿破釜沉舟，九战章邯，勇冠三军，天下闻名。哪个不知道？哪个不害怕？鲁公不用示强而自强，不用称勇而自勇，哪里用得着这样大张声势来显示鲁公之威？各路诸侯都在外面，看到鲁公全无宾主之礼，所以害怕不敢前进。借士张良冒死入营，特请鲁公三思。"

张良古今齐说，褒贬共用，把项羽说得无言以对。

项羽认为张良言之有理，令甲士尽皆退去，金鼓停，武器去，更换官服，请各位宾客进营。下令各位将领只准带文臣或武将一名，作为侍候答应。

张良出外，跟着刘邦重新进营。

刘邦不敢以往日兄弟相称，急忙趋步阶下，鞠躬再拜，说："刘邦谨候鲁公麾下！"

项羽厉声问曰："你有三罪，知道吗？"

刘邦说："我只不过沛县治下一个亭长，偶尔之间被众人推为首领，率兵伐秦，幸而投到鲁公麾下，凡是有所进取，全靠鲁公指挥，哪里胆敢妄为？"

项羽说："你招降秦王子婴，又将他释放，只知道自行其是，而不知楚怀王之命，这是第一罪；你为了收买人心，私改秦法，这是第二罪；遣将守关，阻止诸侯之兵，这是第三罪。你犯有如此罪过，怎么还说不知，还要我来提醒你？"

刘邦再三叩首，说：“容我一言，说明心曲。秦王子婴，心悸投降，如果我擅自杀死，是自作主张；而今暂令官吏看管，专等鲁公发落，不敢释放。秦法苛刻，多年危害天下人民，百姓如处水深火热之中，日日盼望拯救，秦法多存一日，百姓受罪一日；我急于更改秦法，正是为了宣扬鲁公之德，百姓都说：‘前部入关者就能抚爱百姓，而主帅到来，更能抚爱百姓！’派兵把守关口，不是为了阻挡诸侯，更不敢阻挡鲁公，只是为防备秦国余党，不可不防也。我刘邦实在是无意中进入关中，今天与鲁公相会于此，实乃刘邦大幸。如今有小人造谣生事，令鲁公与刘邦有隙！”

项羽个性刚直，一生最怕弱者，最喜奉承，最恨强者，所以听了刘邦的一席话，全无杀戮刘邦之心。信口说：“不是我要责怪你，只因你帐下曹无伤这样说，所以知道你有此三罪，否则怎么会到此地步。”走下座位，亲扶刘邦入座，命设酒招待。

项羽、项伯坐在西面，坐了主席；范增坐在南面，坐了陪席；刘邦坐在北面，坐了客席；张良站在刘邦一侧东向，作为一位侍者。大家一面饮酒，一面说些闲话。

范增见第一计不成，发觉项羽全无杀害刘邦之意，埋伏的二百武士自然更不敢动，于是按照预先的约定，把所佩玉玦向项羽示意多次，项羽见刘邦谦逊柔和，对自己毕恭毕敬，便不听范增的再三提示，默然不应。范增见到第二计又失败，不得不采用下策。范增叫陈平斟酒，以目示意，陈平自然会意。

陈平向前劝酒。他细看沛公，高鼻龙相，相貌大贵，心下寻思：“沛公非常人也，他日定有大贵，若顺从范增意图，恐怕背逆天意。”

陈平斟酒，倒入项羽杯中多，倒入刘邦杯中少。刘邦也会其意，虽

然有些酒意，全然不失些许小礼。

范增见到三策都已失败，心中自叹："今日不杀刘邦，他日必成大患！"

范增一计不成又生一计，避席而出，准备去寻找一个武将借舞剑之机杀死刘邦。范增出门，正好看到楚将项庄，他是项羽族人。

范增把项庄叫到人少之处，附耳低声对项庄说："鲁公为人性刚但心不忍。今日的鸿门宴，专门就是为了诛杀刘邦而设，但是我举佩玦再三，鲁公全不理睬。如果今天放走了刘邦，将来绝无如此良机。你可进入席前，请求舞剑为乐，乘机杀死刘邦。否则，将来我们大家都会成为刘邦的俘虏。"

项庄待范增入座之后，大步走到项羽、刘邦席前，叩礼说："军中之乐不足观，我请求舞剑，给鲁公助酒。"

项羽随口说："好吧！"

项庄拔剑起舞，其意常在沛公。张良见项庄企图借舞剑击杀沛公，急忙用眼睛示意项伯。

项伯知张良之意，出席拔剑说："舞剑须对舞才好看，剑锋交错，夺目争辉，足可如诸位之意。"

项羽也随口说声"好。"

项伯仗剑，与项庄对舞，时时用身子像羽翼一样护住刘邦，项庄无法击杀刘邦。

范增深恨项伯。

张良看到情况危急，忙出席欲去军门唤樊哙。

丁公、雍齿拦住张良："先生欲往何处？"

张良说："欲出取玉玺。"

陈平跟在后面，已知其意，便高声说：“鲁公性急，快放子房先生出去！”

丁公等人只得放行。

张良急忙找到樊哙说：“如今项庄舞剑，其意在于击杀沛公。事情很急，将军快去救沛公，奋不顾身，勇不惜命。”又细嘱需如此如此。

樊哙开步欲行，张良忙说：“等我进去之后，你再闯进营去。”

樊哙见张良已进军中，忙来到门口大呼：“鸿门大宴，我为随从，怎么无份？我要见鲁公讨些酒饭充饥！”樊哙带剑拥盾而入。

丁公等人见了樊哙进来，企图阻挡，但是怎抵樊哙神力，推倒守门众兵士，一下子直入军中，披帷而立，头发上指，目眦尽裂。项羽忙问：“壮士何人？”

张良答：“沛公骖乘樊哙！”

项羽又问：“来此何干？”

樊哙说：“听说鲁公举行灭秦大宰，无论大小，都有酒食，但是我从早到午，尚未用餐。腹中饥渴，实在难忍，特来告求鲁公赐饮。”

项羽命左右赐酒一大杯，樊哙一饮而尽，项羽又命赐一猪腿，樊哙用剑切而食之。

项羽说：“壮士，能够再喝酒吗？”

“我死都不惧，一杯酒何足道哉？”

项羽说：“你准备为谁死？”

樊哙说：“秦王有虎狼之心，杀人恐怕不多，刑人唯恐不够，因此天下百姓尽皆反叛。怀王与诸将约定‘先破秦入咸阳者王之’。如今沛公攻破秦国进入咸阳，秋毫无犯，封闭宫室，还军灞上，专候鲁公到来，派将守关，防备盗贼。沛公劳苦功高如此，未得封官委爵之赏，反

而听信小人之言，要诛杀有功之人，这难道不是亡秦之续吗？我相信鲁公不会这样吧？而今二将舞剑，其意常在沛公。我欲为沛公申此不平，死且不避。”

樊哙慷慨陈词，掷地有声，项羽听了也为之一震，一时间无言以对，只有挥手说：“坐。”樊哙便坐在张良的旁边。

须臾，刘邦见项羽已醉，推说上厕所，招樊哙一起出去。丁公和雍齿拦住不放。

张良急忙说：“鲁公传令，诸侯将校不胜酒力，下旨放出。”

陈平也从后面出来，急呼：“放沛公出去！”

沛公出到军营门外，说：“如今出来，还没有向鲁公告辞，怎么办呢？”

樊哙说：“大行不顾细谨，大礼不辞小让。如今人为刀俎，我为鱼肉，有什么可辞的呢？”

刘邦令张良留下来致歉。

张良说：“沛公带有什么东西作为礼品？”

刘邦说：“我带来白璧一双，准备献给鲁公；玉斗一双，准备献给亚父范增。但是他们正在发怒，不敢当面奉献，先生替我奉献。”

张良答应了。

刘邦带着樊哙、夏侯婴、纪信等人，从骊山脚下小道逃回灞上去了。刘邦走后，张良估计刘邦已到军中，才进入见项羽，致歉说：“沛公不胜酒力，不能面辞，特叫我捧白璧一双，再拜献给鲁公；玉斗一双，再拜献给大将军足下。”

项羽说：“沛公现在哪里？”

张良说：“听说鲁公有意责过，已经脱身而去，从小路回到军中去了。”

项羽没说什么，把双璧放在座位上。

范增接过玉斗，置之地上，拔剑而破之，说：“唉！竖子不足与谋。夺天下者，一定是沛公……”

回顾这一宴，的确让人感到动魄惊心。

刘邦因功获罪，张良一而再，再而三，叫他退，退，退，最后逃席而去，刘邦善于纳人之言，奠定了将来的帝王之位。项羽推行霸权主义，一误再误，放走了他最大最危险的敌人。范增一计不成二计，二计不成三计，最后由于项羽沽名钓誉，弄到黔驴技穷……

沛公回到营中，召来左司马曹无伤，责他叛变。无伤无法狡辩，沉默不语，当即被沛公斩首示众。项羽的一句话，葬送了一个内奸。待张良等返回，沛公感慨万千，且再驻扎灞上，从长计议。

第七章

西楚霸王

分封完所有的将领，处理了旧时六国王族的事情以后，项羽自封为西楚霸王，统治楚国和魏国东面的九个郡，以彭城为都。至此，项羽的事业达到了一生中的顶峰，各国诸侯都对他俯首称臣。不过，项羽分封诸侯也为他自己埋下了隐患。在后来的岁月里，新旧诸侯由于对分封的事情不满，纷纷被刘邦利用，起来反对项羽。

火烧阿房宫

鸿门宴结束几天后，项羽为了表示自己才是真正推翻秦国的人，就带兵进入了咸阳。进入咸阳以后，项羽想起了自己的爷爷项燕和叔叔项梁。爷爷和叔叔都是被秦国的军队杀害的，他要为爷爷和叔叔报仇！尽管秦王子婴已经向刘邦投降了，秦国的军队也已经解除了武装，但是看到咸阳城的奢华，又想到自己多年艰苦的军旅生涯，项羽怒火中烧起来。他大怒着命令士兵们屠城。

士兵们跟着项羽南征北战，尝尽了苦楚，如今到了繁华的咸阳，看见无数的珍宝，心中大动起来。他们见项羽下令屠城，一个个就像下山的猛虎一般，见人就杀，见东西就抢，搬不动的就全部砸毁、烧毁。

项羽带着一小队士兵冲进了秦王宫。他把子婴抓出来，一剑砍掉了他的脑袋。士兵们在王宫中大肆抢劫起来。抢完了，项羽下令放火烧掉辉煌的阿房宫。士兵们拿着火把到处点火，大火瞬间就烧了起来。

很快，咸阳城中除了项羽的士兵，已经没有一个活人了。大火从阿房宫蔓延开来，把整个宫殿群都点着了。大火烧啊，烧啊，一直烧了三个月才熄灭。

放火烧阿房宫之前，项羽的士兵已经把咸阳劫掠一空。他们带着抢劫来的财富和妇女，准备回到东方去。这时候有一个书生向项羽进谏道："关中之地四面都有山河阻拦，易守难攻，而且土地肥沃，十分富饶。如果在这个地方定都，出征四方，很快就可以称霸天下。"

项羽看着眼前的一片废墟，心里五味杂陈。如果这个书生早点和他说这番话，项羽或许还可以采纳。但是现在整个咸阳已经残破不堪了，怎么能做都城呢？而且项羽本来就没有在关中称王、称霸天下的想法。从在吴中起兵反秦以来，他时时想念着江南的莺飞草长和小桥流水，他盼望着再见到吴中的父老乡亲。现在他已经带着江东子弟推翻了秦朝的暴力统治，江东父老会怎样欢迎自己呢？

项羽的心中充满了对江南的怀念。他想，现在启程，回到吴中也应该是春天了。在江南繁花似锦的春天里，江东的乡亲们一定会扶老携幼，排着长长的队伍来迎接自己。自己骑在高大的骏马上，带着士兵们接受父老乡亲们的欢呼。父老乡亲们会对自己说些什么话呢？他们会说："你是我们的英雄！"

想到这些，项羽有些陶醉了。他对那个书生说："如今我已经推翻了秦国的暴力统治，大富大贵起来，富贵了不回到自己的故乡，就像穿着华丽的衣服在夜里行走，有谁会知道呢？"

书生见项羽并没有称霸天下的想法，而是想要到故乡去炫耀自己的成功，就在背地里说："有人说楚国人就像是猴学着人的样子戴帽子一样，不管如何，都还是猴子，成不了大事。现在看来，这句话确实有道理！"

书生的这些话很快就传到了项羽的耳朵里。项羽大怒道："这个浑蛋竟然敢骂我！骂我也就算了，还敢侮辱我的父老乡亲们！"说着，项羽就派人去把那个书生抓来。士兵们很快就把那个书生带到了项羽的面

前。看到书生，想着书生侮辱楚国父老的话，项羽再次大怒起来。他命令士兵架起了一口很大的锅，在锅里装满了水，把书生丢在锅里，然后在下面烧火。火越烧越大，锅里的水也越来越热。开始的时候，书生还不时地挣扎一下。渐渐地，书生一动也不动了，竟被活活地煮死了！

项羽杀了子婴，烧毁了阿房宫，宣告了秦国的彻底覆灭。项羽也就带着士兵们往东进发，准备回到江东去了。

西楚霸王

在出发之前，项羽派使者去问楚怀王如何分封天下。楚怀王说了两个字："如约。"他的意思是维持现状，旧时的六国王族依然在原来的土地上称王，先进入咸阳的刘邦则为汉中王。项羽从使者那里听到楚怀王的回答，大怒起来。

当时中国的领土已经非常广大了，北起长城，南到南海，应该怎样分天下的土地，旧时六国的贵族和项羽等反秦将领们的意见产生了很大的分歧。旧时六国的贵族们认为，秦国是吞并了六国的土地才统一了天下开始称帝的，现在既然已经推翻了秦朝的统治，那么就应该恢复到秦国统一六国之前的战国时代，原来的六国王族仍在自己的土地上称王。

但是原来的六国王族在推翻秦朝暴力统治的过程中并没有起到多大的作用，各地反秦的将领觉得这样处理十分不公平。因为当时的六国王族中，赵王歇、燕王韩广、楚怀王心都是有名无实的傀儡，他们虽然仍是各自属地的王，但是并没有兵权。魏王豹虽然在努力地收复魏国的失地，但是并没有取得多大的成就。齐王田市和丞相田荣几乎就没有参加反抗秦国的战争，项梁之所以会战死定陶，也跟他们不愿出兵相助有很大的关系，所以项羽对齐国的成见也最大。旧时六国的王族中，只有韩王成在张良的辅佐和刘邦的帮助下，收复了一些失地，还有一些实力。

而各地的反秦将领在反抗秦国暴力统治的三年当中，带领军队，置生死于度外，南征北战，很多人还因此付出了生命，陈胜、项梁就是为了推翻秦朝的统治牺牲的。现在旧时六国的王族毫无战功，居然要坐享其成，窃取将领们用血换来的土地，将领们肯定不会同意了。

项羽身为各地反秦将领的上将军，更加不会同意这些贵族们窃取自己部下的战果。而且，项羽对楚怀王一直怀恨在心。因为当时他派刘邦带领军队西进反秦，却派自己到河北救赵，以致耽误了自己的行期，让刘邦率先进入了关中。

项羽马上召集了将领们商议对策，他对将领们说："三年前，我们起兵反秦，当时为了号召天下的百姓，所以拥立了六国的王族。现在我们已经胜利了，秦国的暴力统治被推翻了，但是六国的王族并没有战功，凭什么坐享其成呢？三年来，各位将领和我项羽披坚执锐，南征北战，历经无数艰辛，才推翻秦朝的统治，平定了天下。这完全是各位将领和我项羽的功劳。现在我要封各位将领为王。不过，楚怀王虽然没有战功，但他毕竟是楚国王族的后裔，理论上应该分一些土地给他，让他继续做王。你们觉得怎么样呢？"

各地将领见到项羽都说出了自己的想法，他们纷纷回答道："这样很好，我们一切听从大王的安排。”

公元前206年正月，项羽改称楚怀王为义帝，开始分封他的部下们。这个时候，最令项羽和范增头疼的事情就是如何处理刘邦的事情。理论上说刘邦率先进入了关中，应该封他为关中王。但是项羽和范增担心刘邦拥有了关中以后会逐渐壮大，并挥师东进，称霸天下。如果不封刘邦为王，项羽就会失去信誉，那么以后各地反秦的将领们就不会再听从他的号令了。况且，刘邦已经在鸿门把事情向项羽解释清楚了，不管他是不是真心，各地反秦将领都会以为刘邦没有错。

项羽考虑了很久也没有找到解决的办法。晚上，范增来找项羽，他对项羽说：“巴、蜀（今四川和重庆等地）两地路险，进出不便，以前秦国把犯了罪的人流放在那里。”

项羽恍然大悟道：“对啊，巴、蜀也是关中啊！”于是，项羽封刘邦为汉王，称王巴、蜀以及汉中（今陕西省汉中市），以南郑（今陕西省南郑县）为都城。项羽这样做是因为巴、蜀之地四面环山，出入极为不便，这样就可以限制刘邦的发展了。

尽管如此，项羽还是不放心，他又把关中分为三份，把那里封给了秦国的三个降将。项羽封章邯为雍王，领土有咸阳以西的广大地区，以废丘（今陕西省兴平县东）为都城；封长史欣为塞王，领土有咸阳以东到黄河的广大地区，以栎阳（今陕西省临潼县北）为都城；封董翳为翟王，领土有上郡（大致位于今陕西延安一带），以高奴（说法不一，大致是今陕西延安市）为都城。项羽这样安排的原因有两点：一是秦国的三位降将可以牢牢把守关中，守住刘邦的唯一出路；二是长史欣曾经有恩于项梁，董翳曾劝章邯投降项羽，都算是项羽的恩人。

项羽处理完了刘邦的事情，总算松了一口气。他又陆续分封了自己的部下，处理旧时六国贵族的问题。项羽把魏王豹改封为西魏王，统治河东地区（大致相当于今山西省运城、临汾一带），以平阳（今山西省临汾市附近）为都城。

瑕丘（今河南省濮阳市东南）人申阳是张耳手下的一员大将，他领兵攻下了河南，在黄河边上迎接楚军，功劳甚大，所以项羽封他为河南王，以洛阳为都城。

韩王成因为在张良辅佐和刘邦的帮助下，收复很多失地，反秦有功，项羽依然封他为韩王，统治原来的土地，以阳翟（今河南省禹州市）为都城。

赵国的大将司马卬平定了河内地区（相当于今河南省黄河以北地区），建立了很多功劳，项羽封他为殷王，统治河内的广大地区，以朝歌（今河南省淇县）为都城。

赵王歇因为没有战功，项羽就把他迁到代地（今山西省北部），改封为代王。

跟随项羽进入关中的各地反秦将领，张耳的功劳最大，名声也最大，项羽封他为常山王，统治旧时赵国的大部分地区，以襄国（今河北省邢台市）为都城。

黥布是项羽属下的第一名猛将，他出身马匪，投靠项羽以后，多次作为楚军的先锋，为项羽攻城略地，立下了汗马功劳，所以项羽封他为九江王，以六（今安徽省六安市）为都城。

吴芮带领南方百越的军队，帮助项羽和秦兵作战，并辅佐项羽进入了关中，所以项羽封他为衡山王，以邾（今湖北省黄冈市）为都城。

义帝心的上柱国共敖带领军队攻下南方诸郡，功劳很大，项羽封他为临江王，以江陵为都城。

燕王韩广没有战功，项羽把他迁徙到了辽东，改封为辽东王。

燕国大将臧荼在巨鹿之战的时候开始跟随项羽，一直到进入关中，功劳很大，所以项羽封他为燕王，以蓟（今北京市附近）为都城。

齐王田市对反秦并不热心，没有战功，而且他是丞相田荣的傀儡，项羽把他迁徙到胶东（今山东胶东半岛），改封为胶东王。

齐国的田都在巨鹿之战的时候，叛离了齐王田市，跟随项羽攻秦，一直到进入关中，所以项羽封他为齐王，以临淄（今山东省淄博市临淄区）为都城。

田安是被秦国灭掉的齐王田建的孙子，在项羽渡过黄河救赵的时候，他攻下了济北的好几座城池，功劳甚大；在攻下济北的几座城池以后，田安带兵投靠了项羽，所以项羽封他为济北王，以博阳（说法不一，本书采用今山东省济南市一说）为都城。

番君吴芮的大将梅涓战功卓著，项羽封他为十万户侯。

田荣是田市的丞相，掌握大权，定陶之战，项梁向他求救，他不肯发兵，导致项梁兵败战死，另外他对反秦也不热心，所以项羽没有封他任何职位。

陈餘在巨鹿之战之后，因为和张耳发生了误会，就放弃了将印，带着几百名属下在渤海郡的南皮（今河北省南皮县附近）靠打猎捕鱼为生。虽然他没有跟随项羽进入关中，但是他的名声在民间非常好，所有人的都知道他是一个贤良的人。而且，在巨鹿之战的时候，他也立下了卓越的战功。所以项羽就把南皮周围的三个县封给他了。

分封完所有的将领，处理了旧时六国王族的事情以后，项羽自封为西楚霸王，统治楚国和魏国东面的九个郡，以彭城为都。至此，项羽的事业达到了一生中的顶峰，各国诸侯都对他俯首称臣。不过，项羽分封诸侯也为他自己埋下了隐患。因为他既然主持了分封的事情，就要对分封的公平性负责。但是人心总是难以满足的，在后来的岁月里，新旧诸侯由于对分封的事情不满，纷纷被刘邦利用，起来反对项羽。这也成了项羽后来兵败的主要原因之一。

各路诸侯已经推翻秦朝的暴力统治和项羽分封诸侯的事情很快传遍了天下。老百姓们欢天喜地地庆祝着秦朝的灭亡。吴中的老百姓更加疯狂地庆祝着，因为项羽是从吴中带领八千江东子弟渡江反秦的。现在项羽已经成了各路诸侯的首领，他们怎能不高兴呢？而且，战争结束了，跟随项羽打天下的八千江东子弟很快就要回到故乡了。他们又能欢聚一堂，享受天伦之乐了。

就在普天同庆之时，有一个人却愤愤不平，想和项羽大战一场，这个人就是刘邦。刘邦是诸侯中第一个进入咸阳的人，按照义帝和诸侯们的约定，他应该被加封为关中王的。但是项羽却把他分到了汉中。刘邦越想越生气，于是，他下令军队立刻集合，向项羽发动进攻。

刘邦身边的人都劝他不要意气用事，萧何对他说：“大王，现在您分到了汉中，虽然不是很如意，但总比没有分到一寸土地要强很多。如果您执意要攻打项羽，说不定还会送命呢！”

刘邦大怒道：“我怎么会送命？我为什么会送命？”

萧何和刘邦不但是君臣关系，还是老乡。他见刘邦发怒了，就耐心地向他解释道：“现在正是项羽最得意的时候，他兵多将广，实力强大。而大王现在兵力不如他，将领也不够英勇善战。现在轻举妄动，简直就是自寻死路。”

刘邦听萧何这样说，怒气渐渐消了一些。萧何接着说：“大王虽然被分到了汉中，但是您还有巴、蜀等广大的地区可以作为后方啊！巴、

蜀之地虽然交通不便，但是土地肥沃、物产丰富，只要大王用心经营，基础很快就会稳固，兵力也会很快充实起来的。到时候，大王再挥师北上，夺取关中，就逐步实现一统天下的霸业了。”

刘邦听到这里，已经是怒气全消了。于是，刘邦听取了萧何的建议。

远迁义帝

公元前206年四月，各路诸侯纷纷离开咸阳回到了封地。项羽也带着军队离开咸阳，来到了彭城。彭城是项羽的故乡，他的出生地就在彭城不远的下相。彭城的老百姓夹道欢迎项羽的到来。项羽也十分开心，因为他不但风光地回到了自己的故国，受到了父老乡亲们的热烈欢迎，而且战争已经结束了，他很快就可以带着八千江东子弟回到江南了。但是项羽回到江南的梦很快就破灭了。事情并没有像项羽想的那么简单，战争远没有结束。结束的不过是反秦的战争，各路诸侯之间的战争还没有开始呢！

项羽分封的各路诸侯，要么是和自己一起反秦的大将，要么是这些大将的部下。但不管是跟随自己反秦的大将，还是这些大将们的部下，他们都战功卓著。只有一个人是例外，这个人就是韩王成。韩王成并没有战功，但是他在张良的辅佐和刘邦的帮助下，保住了韩国的领土。因此，项羽仍封他为韩王。但是项羽很快就后悔了，他无法容忍一个毫无战功的人混在各路诸侯的队伍中。

于是，项羽没有让韩王到封地去，而是把他带到了彭城。韩王成心里很清楚，项羽之所以要把自己带到彭城，完全是为了控制自己。但是项羽兵力强大，自己根本就不是他的对手。虽然他的心里一百个不愿意，却也无可奈何，只好跟着项羽到了彭城。到了彭城以后，他看到老百姓夹道欢迎项羽，就隐隐地意识到自己的死期已经不远了。因为他了解项羽的为人，项羽是那种很容易被成功冲昏头脑的人，他受到彭城百姓的夹道欢迎，必定会狂妄起来。到时候，自己这个毫无战功的诸侯还不知道怎么在他的监视下生活呢？

韩王成想着想着，不觉悲从中来，便大哭起来！

韩王成的判断很正确，项羽受到彭城百姓的欢迎以后，果然更加自大起来。他要做的第一件事情是远迁义帝。

当时，义帝心还在彭城，项羽经常可以看到他。他对项羽分封天下诸侯的事情十分不满。因为义帝心是旧时六国贵族的代表，他要的天下依然是战国时代七国并立的格局。所以他经常对项羽冷言相待。此时的项羽正在人生最得意的时刻，怎么能忍受一个失国的义帝对自己冷言相待呢！

于是，项羽在心里暗暗筹划着如何对付义帝。他召集自己的亲信商议说："义帝实在是太不像话了，他竟然敢对我冷言冷语。当初他不过是一个在山里放羊的孩子，如果不是我叔叔项梁派我把他找来，拥立他为楚怀王，他怎么会有今天呢！他自己毫无战功，却想像原来一样统治整个楚国。这怎么可能呢？如果不是我和各位将领奋力杀敌，推翻秦国的暴力统治，说不定他现在还在山里放羊呢！我一定要想办法把他支得远远的，让我眼不见心不烦。"

大家都很了解项羽的脾气，他已经决定的事情是没有人可以改变

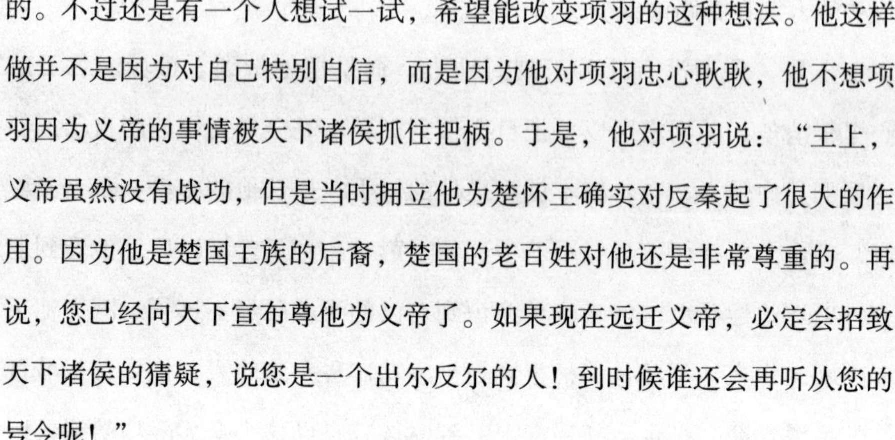

的。不过还是有一个人想试一试，希望能改变项羽的这种想法。他这样做并不是因为对自己特别自信，而是因为他对项羽忠心耿耿，他不想项羽因为义帝的事情被天下诸侯抓住把柄。于是，他对项羽说："王上，义帝虽然没有战功，但是当时拥立他为楚怀王确实对反秦起了很大的作用。因为他是楚国王族的后裔，楚国的老百姓对他还是非常尊重的。再说，您已经向天下宣布尊他为义帝了。如果现在远迁义帝，必定会招致天下诸侯的猜疑，说您是一个出尔反尔的人！到时候谁还会再听从您的号令呢！"

项羽见部下这样说，心下虽然知道是为自己好，但还是说："虽然如此，但是不远迁义帝，我实在是不甘心啊！"

众人见项羽心意已决，也就不再说什么了。第二天，项羽派人把义帝叫来，对他说："古时候，拥有千里土地的帝王，一定会居住在河流的上游。现在我们楚国的领土何止千里。所以我认为您应该居住到河流的上游去。"

义帝心虽然早就知道项羽要对自己下手的，但他还是大吃一惊，因为他没有想到这一天来得这样早。他无可奈何地说："你说得很有道理，我听从你的安排。"

项羽接着说："长沙郡（今湖南省大部分地区）的郴县（今湖南省郴州市）是我们楚国湘水的发源地，那里是湘水的上游，我想让您到那里居住。"

义帝知道毫无选择的权利，不管自己答不答应，都要被项羽送到郴县，所以他对项羽说："那我马上去准备，迁居到郴县去。"虽然义帝口上答应着，但是他的心里很清楚，郴县几乎是一片不毛之地，即使项羽不在路上劫杀自己，到了郴县以后自己也活不下去了。于是，义帝迟迟不肯动身。项羽见义帝不肯动身，就几次三番地派人去催促他。义帝见项羽一定要把自己迁到郴县，已经毫无挽回的余地了，也就死心了。他开始收拾行囊，准备到郴县去了。

见义帝终于动身要迁居郴县了，项羽非常开心，马上派人护送义帝到郴县去了。但是，过了一会儿，项羽又想到了义帝曾经对自己的冷言冷语，他又变得不开心了。想着想着，他又想到当初义帝派刘邦西进攻秦，却派自己到河北去救赵国，以致让刘邦先进入了关中。项羽大怒起来，他忽然觉得非得杀了义帝才能解自己的心头之恨。于是，他马上又派使者去通知衡山王共敖和临江王吴芮在路上劫杀义帝。

衡山王共敖和临江王吴芮接到项羽的命令以后，马上亲自带兵赶到了义帝的必经之路上。于是，就在义帝渡长江之时，衡山王共敖和临江王吴芮突然发起进攻，把义帝杀了。

杀了义帝之后，衡山王共敖和临江王吴芮立刻派人去向项羽汇报。项羽听说义帝已死，心中的怒气总算消了。

义帝死了以后，项羽对天下宣布说：“义帝在路上得了急症，不治身亡了。”从这以后，天下的诸侯和睦相处了半年的时间。项羽无事可做，就整天在宫中练剑。安逸的生活让过惯了血雨腥风生活的项羽烦躁不堪。项羽认为他天生就是一个要在战场上驰骋杀戮的人，只有骑在马背上或手提宝剑的时候，他才能找到心中的自信。

一天，项羽闲来无事，骑着马在彭城溜达。他看到一个垂头丧气的男人在街头喝酒，喝醉了，男人开始大骂项羽。项羽走上前去，发现这个男人竟然是韩王成。项羽把他带到彭城以后就把他忘记了，直到看到韩王成在街头喝酒，项羽才记起他的事情还没有解决呢！

项羽想：“张良是你韩王的丞相。你不好好地把张良留在身边，

辅佐你收复失地，却让他去勾结刘邦。如果不是张良，我早把刘邦杀了。”想着想着，项羽就怒气不打一处来，他决定要好好治一治这个不知好歹的韩王。

项羽回到宫中，就派人把韩王成找来。项羽看到韩王成醉醺醺地来到宫中，大怒道：“你身为韩王，生活不知检点，竟然在大街上喝酒，破口骂我，而且还醉醺醺地进入宫殿。你怎么配当韩王呢？”

韩王成自知项羽不会放过自己，干脆就破罐子破摔起来，他对项羽说：

“我哪里是什么韩王，我不过是一个名不副实的傀儡而已！”

项羽见他竟敢这样回答自己的问题，更加生气了。他大声说道：“身为王者，竟然说出这样不知好歹的话，简直不成体统。你既然说自己不是王者，那好吧，我就废了你的王位，封你为侯。”

韩王成听到项羽说自己不成体统，心下暗惊。他想：“这下完了，项羽一定要杀了我。”后来，他见项羽只是废了自己的王位，改封为侯，心里一下子又放松起来。其实，做韩王和做侯对他都是一样的，无论如何他也不能回到韩国去了。

项羽废了韩王成的王位以后，心里的怒气还没有消。而且每当他想到刘邦就会想到张良，想到张良就会想到韩王成；想到韩王成就会想到张良，想到张良就会想到刘邦。刘邦的事情每每让他心烦不已。

一天，项羽又想到了刘邦，想到刘邦以后，韩王成的身影又在他的眼前晃来晃去。项羽忍无可忍，就暗暗派人去把韩王成杀掉了。

处理完了义帝和韩王成的事情以后，项羽再次想到了江南。他想带着八千江东子弟回到日思夜想的江南去。就在这时，天下战事又起，打乱了项羽的行期。

战乱又起

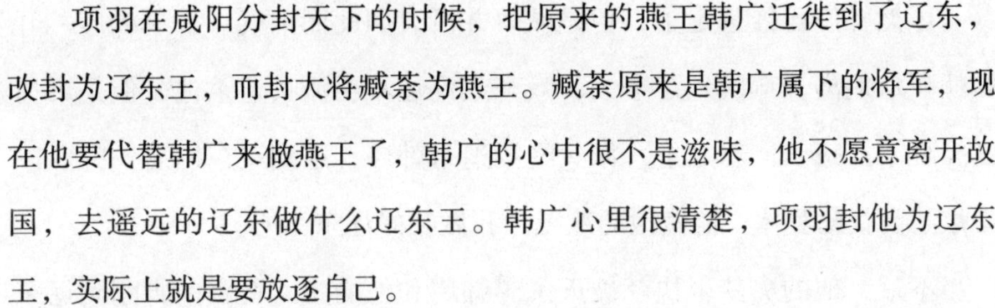

项羽在咸阳分封天下的时候，把原来的燕王韩广迁徙到了辽东，改封为辽东王，而封大将臧荼为燕王。臧荼原来是韩广属下的将军，现在他要代替韩广来做燕王了，韩广的心中很不是滋味，他不愿意离开故国，去遥远的辽东做什么辽东王。韩广心里很清楚，项羽封他为辽东王，实际上就是要放逐自己。

但是项羽既然已经封了臧荼为燕王。臧荼怎么会轻易放弃这个千载难逢的好机会呢！臧荼率领军队离开咸阳以后，就直奔燕国的都城蓟而去。到了蓟，臧荼对韩广说："辽东王，项王已经封我为燕王了。虽然我以前是你的属下，但是我现在和你一样都是一国的诸侯。请你带着你的百官和军队离开燕国，去辽东做你的辽东王吧。"

韩广哪里肯轻易离开自己的故国呢！他对臧荼说："燕国是我的故国，我不想离开这里。不如你带兵到辽东去，你做辽东王，我还做我的燕王。"

臧荼当然也不愿意放弃做燕王的大好时机，他对韩广说："项王已经封我为燕王，而改封你为辽东王了。如果我去做辽东王，天下人岂不要耻笑我。你一定要离开燕国，不然别怪我不讲旧时的交情，带兵把你

打得落花流水！”

韩广自然知道臧荼的军队在项羽的手下已经锻炼成了百战百胜的常胜之师，自己的部队肯定不是他的对手。但是，他无论如何也不肯离开燕国。

臧荼大怒，他立刻回到军营，组织兵力，对韩广发动进攻。事实正如韩广所料，他的部队根本就不是臧荼大军的对手。臧荼带着士兵们很快就把韩广的军队打得溃不成军。韩广见状，带着文武百官和一部分军队仓皇向辽东逃去。

虽然韩广已经逃走了，但是臧荼并没有因此而消气。如果韩广一开始就顺从地离开燕国到辽东去，臧荼或许还不会派兵追杀他，但是事情已经晚了。臧荼一怒之下，派兵继续追杀韩广。逃到辽东以后，韩广以为臧荼会就此罢休，他做他的燕王，我做我的辽东王吧。

不过，他的美梦很快就破灭了。韩广和他的文武百官前脚刚到辽东的无终（今天津市蓟县），臧荼的军队后脚就追到了；臧荼的军队对无终发动了猛烈的进攻。韩广不敌，无终很快就被攻破了。臧荼见无终已破，就带着军队进了城，杀了韩广，把辽东也纳入了燕国的领土。

项羽分封的各路诸侯大多都是旧时六国王族的大将。因为这些大将们手握重兵，即使有和韩广一样的想法不肯交出土地的诸侯，这些诸侯也无可奈何，只好忍气吞声。但旧时六国中的齐国和其他诸侯国的情况不同。项羽要把齐王田市迁徙到胶东，改封为胶东王；封齐国的叛将田都为齐王，这件事情惹怒了丞相田荣。田荣是旧时六国中唯一一个没有跟随项羽反秦的将领，齐国的大权实际上也都被田荣控制着。

就在田都带兵离开咸阳要到齐国就任齐王的路上，田荣已经暗暗在他的必经之路上埋伏下了重兵。田荣下令道：“只要田都一出现，所有的士兵全数出击，一定要把田都杀得片甲不留。”

田都以为齐王田市和丞相田荣一定不敢和自己的得胜之师开战，就带着士兵们一路走走停停，游山玩水一样往齐国赶去。他们来到田荣埋伏地的前面时，一个士兵来向他汇报说：“大王，前面好像有田荣的军队。”田都不以为然地说：“你多虑了吧，他田荣怎敢带兵和我得胜之师开战。”于是，田都并不理会士兵的汇报，继续带着军队悠闲地赶路。

他们走着走着，忽然杀声四起，田荣一马当先向田都的军队冲去。田都慌忙应战，但是这个时候还怎能组织起兵力呢！眼见田荣的军队越战越勇，田都只好带着士兵们冲出重围，往楚国逃去。田荣哪里肯放走田都，他下令军队奋勇追击。田荣带着军队一路追杀，一直把田都赶到楚国的边界，才带兵返回。

在返回的路上，田荣看见道路两旁密密麻麻地躺满了田都士兵的尸体，心中大喜。回到齐国，田荣向田市说了大败田都的事情。田市大惊道：“丞相怎敢带兵攻打田都？项羽已经封他为齐王了，现在丞相带兵攻打他，万一项羽怪罪下来，我们拿什么抵挡项羽的虎狼之师！”田荣见田市害怕了，就愤愤地说：“项羽来了，自有我带兵抵抗，你不必操心。你只要老老实实地做你的齐王就好了。”

虽然田荣说不让自己担心，但是田市依然害怕项羽会带兵来攻打自己。项羽一旦出战，齐国必败，到时候，自己肯定会死得很惨。田市越想越害怕，晚上的时候，他趁田荣不注意，带着一部分自己的亲信，往胶东逃去。因为项羽已经改封他为胶东王，他以为自己逃到胶东，就任胶东王，项羽就不会追究其带兵进攻田都的事情了。

但是田市错了，他错就错在低估了田荣。即使项羽不会追究他的

责任，田荣会放过他吗？第二天，田荣知道田市往胶东逃去，大怒道：“这个浑蛋怎敢如此！”田荣马上带着军队往东追击而去。

田荣在即墨（今山东省即墨市）追到了田市。他一马当先，冲到田市的阵前，质问道：“我带兵攻打田都，替你保住齐王的位子，你就是用这样的方法酬谢我吗？”

田市吞吞吐吐地说不出话来。田荣见他不说话，更加气愤，马上下令屠杀田市和他的随从。赶跑田都，杀了田市以后，田荣自立为齐王，统治原来齐国的领土和胶东地区。

此时，田安已经带兵到了济北，就任济北王了。济北的都城在博阳，博阳离田荣的都城临淄很近。田荣带兵赶跑了田都，他担心田安会为田都报仇。俗话说“先下手为强，后下手遭殃”，与其在临淄担心田安带兵进攻自己，不如主动出兵消灭他。

于是，田荣马上带着得胜之师往西南进军，攻打博阳。田荣的军队刚刚战胜田都，又杀了田市，士气正旺。而田安和大多被项羽分封的诸侯一样，回到封地只知道享乐，忘记了在战场上的厮杀。所以，田荣一出兵就击败了田安，把他杀死在博阳。占领了博阳以后，济北、胶东和原来齐国的领土都属于田荣了。

田荣接连击杀项羽分封的诸侯，必定引起项羽的忌恨。田荣想：“既然要引起项羽的忌恨，不如借机让更多的人起来背叛他。这样让项羽兵分多路，自己说不定还有活命的机会，不然一定会被项羽杀掉。”于是，田荣封彭越为大将军，让他在梁地起兵。

项羽在分封诸侯时，埋下的另一个隐患就是陈餘。陈餘本是赵王歇的大将军，但在巨鹿之战以后，由于和当时的丞相张耳产生矛盾，他放弃将印，带着几千士兵到了渤海郡的南皮以打猎捕鱼为生。秦国灭亡后，项羽封他为南皮三县之侯，却封张耳为常山王，改封赵歇为代王。这件事情激怒了陈餘。陈餘以为自己和张耳一样都是反秦有功的大将，项羽封张耳为王却封自己为侯，分明是没有把自己放在眼里；而且赵歇本是赵王，张耳只是他的丞相，项羽竟然要张耳代替赵歇做王统治赵地，这分明是大逆不道的事情。

但是分封诸侯以后，项羽的力量达到了极致，陈餘没有办法和他抗衡，只好忍气吞声，默默地寻找机会报仇了。田荣率兵接连攻击项羽分封的诸侯以后，陈餘大喜道："机会来了，真是天助我也！"陈餘派张同和夏说到齐国去觐见田荣，送去一封自己的亲笔信。陈餘在信上说："项羽分封天下诸侯，自封为西楚霸王。本来也没有什么不可以的，因为他带兵反秦，功劳最大。但是他分封天下并不公平。他把原来的诸侯都迁徙到了偏僻不便的贫穷之地，却把自己的将领和群臣封到了这些诸侯的故地，把原来的诸侯都赶走了。拿赵王歇来说吧，他做赵王做得好好的，项羽竟然把他改封为代王，迁居代地。封张耳为常山王，统治赵国原来的土地。我认为这是很不仁义的事情。"

田荣看到这里，点头认可了陈餘的说法，因为项羽也把原来的齐王田市迁徙到了胶东做胶东王。田荣又看下去，只见陈餘的信上接着说："我在南皮听到大王起兵反楚，对项羽这种不仁不义的做法很反感，就派张同和夏说来向大王求助。大王如此仁义，一定不会拒绝我的。请大王发兵帮助我攻打常山王张耳，我要恢复赵王的领地。到时候，我会带兵和大王一起反对项羽。赵和齐一起反对项羽，他的兵力不足以攻打两地，他对您也就无可奈何了。"

田荣本来就想要更多的人起来反楚，见到陈餘来向自己借兵，心下大喜，他马上就答应了陈餘的请求。于是，田荣悄悄地发兵进攻常山王

张耳。陈餘也把南皮所有的士兵都集结起来，配合田荣一起向襄国发动了攻击。

秦国灭亡以后，项羽封张耳为常山王。张耳就以为从此以后天下太平了，自己和自己的子孙，肯定世世代代地一直做常山王的。所以他几乎忘记了在战场上是如何驰骋杀敌的了。张耳的士兵们也都放松了精神，不愿去想打仗的事情。当田荣和陈餘突然向张耳发动进攻的时候，张耳才恍然大悟，原来天下并不太平。可是这个时候已经晚了，士兵们由于平时疏于训练，都失去了往日和秦兵作战的英勇。

田荣和陈餘的部队，长驱直入，很快就把张耳的都城襄国攻破了。张耳见大势已去，不可能再夺回襄国了，就绝望地往西逃去。张耳逃到了汉中，投奔刘邦去了。攻下襄国之后，陈餘拜谢了田荣，马上亲自带人到代地去迎接赵王歇。陈餘见到赵王歇，跪在地上说："项羽和张耳欺负大王，这段时间让大王受苦了。我已经联合齐王田荣攻破了襄国，赶走了张耳，请大王回到赵地，继续做赵王吧，赵国的老百姓想念大王啊！"

赵王歇被陈餘的真诚和忠心感动了，他扶起陈餘，几乎要哭了出来。因为自从迁入代地后，他就日夜思念着赵国，想回到自己的故乡。赵王歇对陈餘说："将军才是对我最忠心的人啊！"

赵王歇跟着陈餘回到了赵国的都城襄国，重新做起赵王来。赵王见陈餘劳苦功高，赵国已经没有什么官爵足以报答他了，就把陈餘封到代地做代王。

就在齐王田荣和陈餘纷纷起兵反对项羽的时候，远在汉中的刘邦也不消停。刘邦带着军队来到南郑以后，就用心经营着巴、蜀和汉中。此时，张良已经以韩国丞相的身份回到了韩国。刘邦送别张良时依依不舍地和他约定，将来一定要帮助自己统一天下。张良很爽快地答应了刘邦的要求。张良走了以后，刘邦听从萧何的建议，封韩信为大将军，统领汉兵。

资历甚浅的韩信被封为大将军，在汉军中掀起不小的波澜，很多将领不服气，认为自己的功劳大，无论如何这大将军也轮不到他。那么，韩信有何德何能呢?

韩信是淮阴人，早年一贫如洗，不能当官，也不会经商，经常到各家蹭饭。有几个月的时间，一直在村长家白吃白喝。村长媳妇忍无可忍，索性刚起床就开饭，等到韩信来的时候，已经没有饭吃了。韩信明白人家是厌恶他了，很伤自尊心，从此再也不去了。

韩信在城外钓鱼，一位洗衣服的老妇人见他饿得不行，就给他饭吃，一连数十日。韩信感激涕零，说："我肯定会报答您！"没想到，老妇人听后愤怒地回答："你身为大男人，不能自食其力，我是看你可怜才给你饭吃，哪里是指望你的报答！"

村里有一个年轻屠夫看见韩信经常佩带刀剑，就挑衅他："你有能耐就用剑刺我，你不敢，就从我的胯下钻过去。"韩信果然能忍胯下之辱，看热闹的人都笑话他。

韩信从项羽军中逃出投奔刘邦，结识了萧何。身为刘邦重臣的萧何十分欣赏韩信的才能。后来韩信得不到重用，又逃脱刘邦军队时，萧何连夜去追赶挽留他，以至于让刘邦误认为萧何叛逃了。这就是历史上著名的典故"萧何月下追韩信"。

在萧何的强力推荐下，刘邦接见了韩信。韩信问刘邦："大王自己估计在勇敢、强悍、仁厚、兵力方面与项羽相比，谁强？"刘邦说："我不如项羽。"没想到韩信却说："大王您肯定会打败项羽。项羽待

人恭敬慈爱，有生病的人，他会心疼的流泪。但是当有人立下战功，该加封进爵时，他却把刻好的官印放在手里玩磨的失去了棱角，也舍不得赏赐给人，这就是所说的妇人之仁啊。”韩信一席话，让刘邦钦佩不已，他立即加封韩信为大将军，统领汉军与项羽交战。

暗度陈仓

当田荣和陈餘起兵反对项羽的消息传到南郑时，刘邦坐不住了。他又想到了咸阳的富庶和繁华。于是，他派人把萧何和韩信找来，商议举兵北上，攻打关中的事情。

刘邦说：“关中之地非常富庶，而且东可进，西可守，是称霸天下的好地方。现在田荣和陈餘在东方反楚，正是我们北上攻取关中的大好时机。”

韩信也认为攻取关中的时机已经到了，于是就和刘邦商议采用“明修栈道，暗度陈仓”的办法来对付关中三王。商议已定，他们就带着军队从陈仓（今陕西省宝鸡市东）的古道往关中去了。

项羽分封天下以后，雍王章邯和刘邦最近。所以当韩信带兵北上攻打关中之时，章邯就成了他第一个要攻打的目标。章邯听说刘邦派韩信带兵北上了，就急忙集结部队往陈仓去迎战。

韩信用兵如神，章邯的部队怎能抵挡住他的进攻呢！在陈仓，韩信指挥军队大败章邯军。章邯无计可施，就带着军队逃到了好峙。章邯到了好峙就停了下来，掉头要和韩信大战。由于章邯的部队在陈仓已经被韩信打败，士气非常低落。而韩信领着得胜之师，一路东进，有如神助，将士们也都越战越勇。所以在好峙的恶战中，章邯又失败了。失败以后，章邯带着部队逃到了都城废丘。

刘邦见章邯的大势已去，已经无法对自己构成威胁了，就带着军队到了咸阳，并派兵把废丘重重围了起来。章邯和他的士兵们被困废丘。围住废丘以后，刘邦又派属下的将领去攻打陇西、北地、上郡等地。汉兵作战英勇，很快就平定了这些地方。刘邦大喜，以为称霸天下的梦想很快就要实现了。所以，他又派将军薛欧和王吸领兵出了武关。

刘邦的实力逐渐壮大了。他的实力越大就越想念自己的家人。此时，刘邦的妻儿和父亲都还在老家沛县，他多想把妻儿和父亲接到自己的身边啊！就在这个时候，一个好消息传来，王陵来投靠刘邦了。原来王陵是刘邦的老乡，他们在沛县的时候就认识。秦末，各路诸侯起兵反秦的时候，王陵纠集了一支几千人的部队，攻下了南阳。从此，王陵就领兵驻扎在南阳，不属于任何诸侯。待到刘邦平定雍王章邯的部队，把章邯围困在废丘的时候，王陵见自己的老乡实力逐渐壮大，而且有称霸天下的野心，就投靠了刘邦。

刘邦立刻交给了王陵一个任务，就是到沛县把自己的妻儿和父亲接到关中。因为南阳离他们的老家沛县很近，而且王陵和刘邦是老乡，认识刘邦的父亲太公。

项羽听说刘邦已经北上关中，并派了王陵到沛县去接家人。项羽大怒，立刻派兵到阳夏拦住了王陵。于是王陵不能继续东进，只好停了下来。这个时候，项羽的心情非常烦躁，因为田荣和陈餘已经相继起兵反

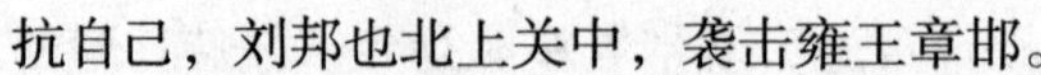
抗自己，刘邦也北上关中，袭击雍王章邯。

项羽马上封原来吴中的县令郑昌为韩王，带兵驻守韩国，抵挡汉兵。项羽又派萧公角（名角，姓氏不详。因做过萧县县令，故称萧公角，项羽帐下的一员大将）领兵去进攻彭越。项羽以为自己的军队所向披靡，萧公角一定很快就会打败彭越。但是项羽这次错了。萧公角不但没能打败彭越，反而被彭越打败了。

项羽大惊，所向无敌的楚军怎么会被打败呢！而事实上，彭越确实击败了楚军。这是因为楚军跟着项羽南征北战多年，思乡情切，不想再打仗了，已经没有了反秦时的斗志。而且，秦亡以后，项羽带着士兵们在彭城驻扎，士兵们以为天下已定，以后不会有战争了，就放松了训练。

项羽开始左右为难了，他到底该带兵去攻打刘邦，还是先平定田荣和陈餘呢？就在这时，韩国的丞相张良给项羽上书说：“大王，反秦时，汉王刘邦第一个进入了关中，根据义帝的决定，先进入关中的就封为关中王。后来，您把汉王刘邦分到了汉中，而三分关中，所以他心里不平，因为关中本来应该是汉王刘邦的属地。他现在举兵北上关中只是为了拿回原本属于自己的东西，履行和义帝的约定而已。所以他在攻下关中以后，一定不会挥师东进的。”

项羽认为张良说得很有道理，但是心下还犹豫不决。这时，张良又派人假装齐国的使者给项羽送去一封挑战书。挑战书上说：“齐国和赵国要联合在一起，共同攻打楚国，灭掉你们！”项羽接到挑战书，大怒。于是，项羽放弃了西进攻打刘邦的计划，决定亲自带兵攻打齐国，大战田荣。

项羽派人到九江王黥布那里征兵。这个时候形势已经和黥布跟随项羽起兵反秦时大不相同了。黥布身为九江王，他认为自己和项羽一样

都是诸侯，自己根本没有必要听从项羽的调遣了。而且，多年的战争已经让黥布非常厌烦了。他认为只要自己不去进攻其他诸侯，其他诸侯一定不会带兵来攻打自己的，他想安安稳稳地做自己的九江王。所以黥布就假装生病，只派了自己的部下带着几千人赶去帮助项羽攻齐。项羽大怒，从此以后，项羽就对黥布有了很大的意见。

公元前205年的冬天，项羽带着军队北上到了城阳。田荣见项羽发兵攻打齐国，马上集结部队赶到了城阳，一场血战就要开始了。很长时间没有打仗了，项羽早就憋不住了。项羽仿佛天生就是带兵打仗的材料，一旦没有仗打，他就失去了英气。终于又要和齐国开战了，项羽身先士卒冲进了敌阵，蓄养了多时的勇气在这一刻爆发了。项羽纵马驰骋在田荣的军队中，仿佛进入了无人之境，左突右冲，一剑杀一人。楚军见项羽如此英勇，也都拿着武器，不顾生死地和齐兵血战起来。

很快，田荣的部队支撑不住了，项羽领着楚军们把齐兵打得溃不成军。田荣见大势已去，就带着一部分士兵冲出重围，逃到了平原（今山东省平原县）。其他的士兵投降了。田荣逃到平原以后，平原的老百姓都怪他首先挑起了战争，害得天下大乱。于是，平原的老百姓自发地组织起来，把田荣杀了。

项羽大破齐兵以后，带着士兵们冲进了齐国的城池，到处放火，还下令活埋已经投降的齐兵，俘虏了齐国的老弱妇女。一部分齐兵见项羽如此凶残，都往北逃去。项羽看见有人逃走了，带着楚军往北，边打边烧。

齐国的老百姓愤怒了，他们纷纷起来反抗项羽的残暴。田荣的弟弟田横在民间召集齐国逃跑的士兵，很快就聚集了几万人。田横带着士兵们返回了城阳。项羽知道后，立刻带着军队又去攻打城阳。但是这次齐

国的老百姓已经全国皆兵，共同反对项羽了。所以项羽再次攻打城阳的时候就十分不顺利，他一连发动了好几次进攻，都没能打下城阳。

从此，项羽走上了下坡路，实力一天天衰弱下去。

第八章

楚汉相争

项羽率三万精兵，一路疾行，数日便已赶回彭城。回到彭城附近时，正是凌晨时分，项羽先指挥军队将萧（今安徽萧县西北）的汉军击溃，然后分兵至彭城的西面和南面切断汉军的退路，对汉军形成包围之势。天将大亮之时，楚军喊杀四起，项羽亲自率军向汉军发动猛攻。

陈平叛逃

见项羽中计已经率军去攻打齐国的田荣，刘邦立刻率军杀出了函谷关，这时，河南王申阳也已投降刘邦。

刘邦先是派人游说韩王郑昌投降，但郑昌在项梁时代就是忠心于项家的人，因此拒不投降。刘邦便派韩信率军攻打郑昌，占领了韩国。随即刘邦率军压向魏国，魏王魏豹见就剩自己一个人抵抗刘邦了，为免百姓遭受兵祸，魏豹不得已向刘邦投降。

魏豹投降刘邦后，处于魏国和赵国之间的殷王司马昂为了自保，也宣布起兵反楚。听说殷王司马昂也造反后，项羽大怒，立刻派信武君陈平和魏咎的门客率军攻打司马昂，司马昂打不过陈平，选择了投降。

陈平是有名的美男子，胸藏奇计。陈胜起义时，陈平先是投靠了魏咎，后来遭受谗言离开了魏咎。巨鹿之战胜利后，项羽率军西进，陈平便在半路上投靠了项羽，然后跟随项羽入关。这段时间，陈平建立了一点军功，所以项羽分封诸侯时，封陈平为平爵卿。此后，陈平始终跟随在项羽身边，并最终被项羽封为信武君。

殷王司马昂投降后，陈平没有问其谋反之罪便乘车返回。项羽知道后，派项悍拜陈平为都尉，赐金二十镒。还没等陈平再见到项羽，刘邦就突然率军杀过黄河，俘虏了司马昂。陈平听说项羽知道司马昂被刘邦俘虏后大怒，将要诛杀之前平定殷国的人。陈平心想，这次攻打司马昂，我是主将，项王真的要问罪的话，肯定先找我。陈平越想越害怕，就将金子和将印交给部下，托他们带回去还给项羽，自己则只身离去。

陈平逃出后，搭船渡河，船夫是个见财起歹意的家伙，他见陈平腰悬宝剑，衣衫楚楚，以为陈平是位怀财逃亡的兵将，便打算将船撑到河中心时下手抢夺。陈平见船夫眼露贼光不住偷看自己，就知道了船夫的心意。为了保命，陈平将上衣解开露出胸膛坐在船上，船夫见陈平身上并没有藏着钱财，才收回了歹意，平安地将陈平送到了河对岸。上了岸后，陈平就跑去投降了刘邦。

史书上虽然记载陈平是因为项羽发怒了，怕自己受到诛杀才逃去了刘邦阵营，但真相果真如此吗？有点令人怀疑。因为项羽发怒的话也是该发刘邦的怒，没理由发陈平等人的怒，陈平又不是战将，也没有勾结敌军，没有能力守住殷国或保证殷国不投降是很自然的事情。项羽虽然经常好“大怒”，但不是个是非不分的人，他干吗想要杀陈平等人？这个项羽“大怒”将要诛杀平定殷国功臣的消息，很可能是刘邦放出来的。刘邦可能是因为看中了陈平的才能，所以用了一招离间计，让陈平离开项羽跑到了自己阵营。刘邦之所以能确定陈平不会投靠别的诸侯而选择投靠自己，是因为陈平当时逃离楚军，一是不敢投靠和楚国关系好的诸侯国；二是战乱导致远行不安全，要选择一个诸侯就近投靠；三是要投靠求贤的诸侯，并且是实力比较强大的。满足这些条件的当然就只有刘邦了。

陈平到汉军军营，见了刘邦后，刘邦问陈平：“在项羽那儿你做什么官？”“回汉王，臣在项王那里做都尉。”陈平回答道。刘邦道：“好，那到我这儿你也先做个都尉吧！”

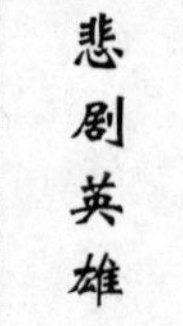

就这样，陈平成了刘邦的谋士。在未来的楚汉相争中，陈平将起到至关重要的作用，甚至决定了鹿死谁手。项羽因为太过相信自己的勇武，让第二位可以左右天下形势的重要谋士又跑到了刘邦阵营，实在令人惋惜。彭城大战攻下殷国后，刘邦准备集结大军攻打楚国。这时有个叫董公的老翁前来拜见刘邦，给刘邦出了一条毒计，刘邦按照这个老翁的计策，穿上丧服，为死去的熊心举行盛大的葬礼。

葬礼上，刘邦拿出最厉害的表演天分，痛哭流涕，一边哀悼熊心，一边大骂项羽，不仅演了这么一出闹剧，他还派使者到各诸侯国去说："天下诸侯共立义帝，诸侯皆为义帝之臣。如今项羽将义帝流放杀害在江南，实在是大逆不道。寡人亲自为义帝发丧，起兵诛杀害死义帝的凶手，希望诸侯们都起兵响应为义帝报仇！"

这一招确实是非常毒辣，虽然没人相信刘邦是真心为义帝发丧，但却让刘邦有了非常"正义"的旗号反叛项羽。对于刘邦的这一招，项羽即使恨得牙根直痒痒，也没奈何。

彭城大战

公元前205年三月，刘邦率领五十六万大军浩浩荡荡地向彭城杀来。刘邦认为项羽正陷在齐国不能抽身，自己可以轻松拿下几乎是没有防守的彭城，只要占领了彭城，项羽就无家可归，只能是死路一条，或者选择投降。不过，刘邦清楚，以项羽的为人，肯定不会投降。

项羽闻听刘邦就快率军杀到彭城，便命众将继续攻打齐国，他亲自率军三万回援彭城。就在项羽还在日夜行军赶回彭城的路上时，刘邦已经攻下了彭城。

四月，刘邦率军攻入彭城，刘邦进了项羽的王宫，将珍宝搜刮一空，大肆奖赏众将。刘邦认为这次项羽肯定是死定了，只要他撤军回救彭城，就会陷入齐军和汉军的两面夹攻之中，必败无疑；而如果他不从齐国撤军的话，那么他就只能眼睁睁看着楚国灭亡，他同样是死路一条。

因此刘邦和他的将领们沉浸在巨大的喜悦之中，日日宴饮庆祝。连张良、韩信、陈平这些当世无双的谋士都认为项羽已经走入绝路，再也无回天之力了，因此他们都没有劝谏刘邦节制享乐，而是同样开怀畅饮，纵情声色起来。

项羽一路疾行，数日便已赶回彭城。回到彭城附近时，正是凌晨时分，项羽先指挥军队将萧（今安徽萧县西北）的汉军击溃，然后分兵至彭城的西面和南面切断汉军的退路，对汉军形成包围之势。天将大亮之时，楚军喊杀四起，项羽亲自率军向汉军发动猛攻。汉军很快反应过来，积极应战。楚军在项羽的率领下，再次展示出在巨鹿之战时的那种强悍勇猛，短兵交接了一阵，汉军便被楚军的威势所吓倒，无心再战，纷纷边打边逃。但五十六万大军，想逃走谈何容易，而且退路又被楚军切断。如果可以，汉军士卒恨不得立刻就扔掉兵器举手投降，但楚军早已杀红了眼，见着汉军不管如何，只是不住地猛砍狂刺。这一仗，从早上一直打到中午，汉军扔下十多万尸体后，终于逃出了彭城。

刚逃出彭城不远，刘邦就被项羽的部将丁公率军包围，这时刘邦由于仓促逃跑，没有和他的大军在一起。刘邦只能带着少数护卫硬着头皮

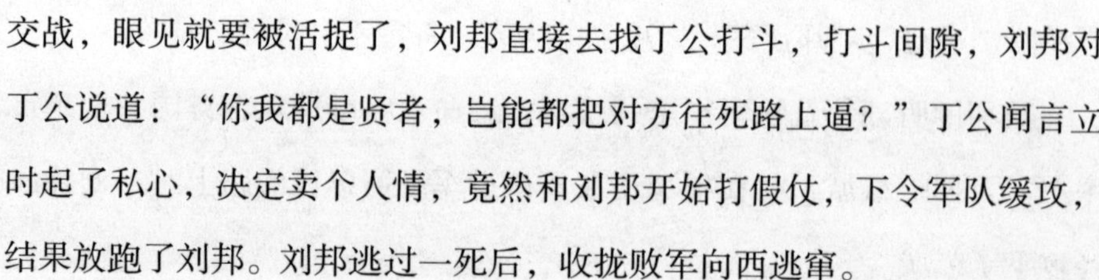

交战，眼见就要被活捉了，刘邦直接去找丁公打斗，打斗间隙，刘邦对丁公说道："你我都是贤者，岂能都把对方往死路上逼？"丁公闻言立时起了私心，决定卖个人情，竟然和刘邦开始打假仗，下令军队缓攻，结果放跑了刘邦。刘邦逃过一死后，收拢败军向西逃窜。

项羽根本不给刘邦喘息机会，继续率军追杀，在睢水岸边，楚军又是一阵冲杀，汉军哀号不断，最终十多万人被楚军逼进了滔滔的睢水之中，淹溺而死，尸体沉积，竟然将睢水都截断了。

刘邦在樊哙、夏侯婴等大将的护卫下拼命狂逃，但最后还是被项羽率军包围。楚军将剩下的汉军包围了三圈，刘邦等人眼见就要被楚军剿杀干净。这时，忽然从西北方刮来一场遮天蔽日的沙尘暴，将楚军军阵刮得大乱，包围圈被风暴撕开了一个口子，刘邦见状，赶紧带着十数名部下逃了出去。

假如没有这场大风，刘邦必死无疑了。刘邦觉得自己简直就是从鬼门关爬了出来，他虽然曾经跟随过项羽打仗，却没想到原来项羽是这么厉害，自己的五十六万大军竟然被人家三万人马打得落花流水，几近全军覆没。

刘邦逃出包围圈后，就飞马回到沛县，打算带家人一起逃命，但他父母和老婆孩子都已经自行逃走了，家里一个人都没了。刘邦只好自己带着几十名部下向西奔逃，半路上让他遇到了走散的女儿和儿子。谁知道，刚把一双儿女拉上车，楚军的骑兵就追杀过来了，刘邦让驾车的夏侯婴拼命鞭打马匹，催促快跑，一面命护卫们去后面地方阻挡追兵。为了让马车跑得更快些，刘邦竟然数次将儿子和女儿推下车，幸好夏侯婴不顾刘邦的命令又数次将两个孩子捡回车上。在部下的拼死护卫下，刘邦终于逃掉了，可是只剩下十几个人跟着他了。刘邦真是哭笑不得，五十六万大军到最后竟然只剩下十几个人。

楚军虽然最后没有追上刘邦，但却抓到了刘邦的老婆吕雉和父亲刘太公。项羽没有难为他们，将他们软禁在军营之中。

彭城大战的胜利，再一次让天下诸侯们见识到了项羽的无敌霸气，于是那些投降刘邦的诸侯又纷纷向项羽臣服。

就在项羽和刘邦大战之时，田横趁机收复多座城池，拥立田荣之子田广为齐王。

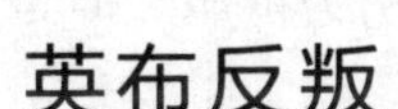

英布反叛

修整一番后，项羽乘胜率军西进，继续追杀刘邦。刘邦一直逃到下邑（今安徽砀山）才收住脚，驻守下邑的是他的大舅子。刘邦听说项羽亲自率军西进，知道无法抵抗，非常忧虑。张良给他出了个主意，让他和彭越联盟，并且派人去策反九江王英布。

刘邦便派了一个叫随何的人去游说英布反叛项羽。其实，英布是项羽帐下数一数二的猛将，项羽视其为心腹，本是极难策反的，但如今英布已经和项羽有了嫌隙。

英布原是个脸上有刺字的囚徒，秦末时聚集了千余人在山里做山大王，后来归顺了项梁。项梁战死后，英布就一直跟随项羽征战，立下了很多功劳，所以被项羽封为九江王。

但英布是典型的可共患难不能同富贵的人，成为九江王后，英布便不想再去拼命，因为荣华富贵已经得到了，再去拼命对他来说就没什么意义了。项羽完全不知道英布的想法，认为他们君臣间的恩义和情义不会随着身份的不同而改变，可是他错了。

刘邦的使者随何到了九江后，英布只吩咐人对他好生招待，并不亲自接见。英布当然知道随何的来意，此时刘邦刚刚经历大败，他不想投靠一个弱者，可是如今又跟项羽有了嫌隙，也不能不为自己留后路。所以，英布一直踌躇着，拿不定主意要不要见随何。

三日之后，英布终于接见随何，他想听听随何到底说些什么。随何游说英布说："大王与项王一样位列诸侯，却以臣子礼侍奉项王，不过是因为楚国强大，大王欲引为依靠。但是之前项王亲率大军攻齐，身为士卒先，大王本应尽起九江之兵为项王先锋，可大王却仅派了四千兵马助战。当汉王攻打彭城之时，项王困于齐地，大王亦应亲率大军援救彭城，奈何大王却拥兵十数万众，不派一人驰援，却坐观成败。身为臣子，将国家托付给人家保护，有像大王这样的吗？大王徒有亲附楚国之空名，却冀望一旦有难就得到楚国的保护，臣以为世上根本没有这么便宜的事情。大王之所以不肯背叛项王，不过是看到楚强而汉弱，但事实却并不如此。楚军之强，在项王一人而已，且楚军又有诛杀义帝不义之名。今项王转战千里而攻汉王，首先输运军粮就是个大难题，相反，汉军却以逸待劳，可以就近食用敖仓之粮。时间一长，楚军就会支撑不住，汉军便会由弱转强。只要大王肯以九江反于楚军之后，项王必定为之缓攻汉军，只要拖上几个月，汉军必能大败楚军。到时，汉王一定划出大片土地封给大王，整个淮南必能为大王所有。为自身计，愿大王早做决断。"

怀有贰心的英布果然被这一番自相矛盾的说辞说动，当即答应投降刘邦，但要求随何对此事先严守秘密。随何知道，英布还是没有痛下决定，仍想首鼠两端。

就在此时，项羽派来催兵的使者也在九江。项羽认为要想一举歼灭刘邦，光楚国的军队根本不够用，所以连番派人催促英布带领九江兵北上增援，但英布一直借病拖着。

这天，英布正在会见楚国使者，随何知道后，硬是闯了进来，并高声对楚国使者说："九江王已经归顺汉王，怎么还会为楚国发兵呢？"楚国使者大惊，英布被吓得一愣。

楚国使者责骂英布道："英布，你敢背叛项王？忘恩负义的小人！"

随何撺掇英布道："事已至此，赶快杀了楚使，尽快起兵与汉军夹攻楚军！"

英布这回骑虎难下了，只得拔剑杀掉了楚国使者，并起兵攻打楚国，英布这个卑鄙而愚蠢的家伙终于在最关键的时刻在项羽背后扎下一刀。

得知英布反叛的消息后，项羽不得不放缓对刘邦的攻势，派遣项声和龙且率军南下进击英布。数月后，龙且大败英布，英布本想带领残兵败将去投靠刘邦，但率领军队转移的话目标太大，英布怕被龙且追杀，所以扔下部下只身跟随随何去投降刘邦。

项羽受英布拖累，不能全力对付刘邦，使得刘邦得以喘息，收拢败兵，又得到萧何从关中送来的新兵，令刘邦又聚集起数十万大军。

假使英布忠心无贰，亲自率军前来增援项羽，刘邦必死无疑，历史也将改写。

反间毒计

前有韩信阻挡，后有英布造反，项羽因此受阻于荥阳附近，不能再前进寸步。

围绕着荥阳这块至为重要的战略要地，项羽和刘邦对峙了起来，这一对峙就是长达一年多。

刘邦死守着荥阳城，修筑甬道直通敖仓，取食敖仓里面的粮食。为了迫使刘邦决战或投降，项羽根据自己兵力短缺的条件，派军集中攻击甬道，来切断汉军的粮道。刘邦为了不被切断军粮运输，不断派重兵防守甬道，但甬道还是屡屡被项羽切断，所以刘邦大军经常是三根肠子闲着两根半，忍饥挨饿。

项羽其实也不怎么好受，他的军粮也是勉强够用。身为两军主帅的项羽和刘邦都在进行着最后的意志较量。

最终还是刘邦先挺不住了，他怕军士们长久忍饥挨饿的话，即使不逃跑，也迟早会连兵器都拿不起来。于是刘邦派人向项羽求和，请求两国以荥阳为界，荥阳以西为汉所有，荥阳以东为楚所有。

一年多的鏖战，项羽也很疲惫，而且粮草也不足了，便打算准许刘邦的求和。但一向清醒的范增却坚决反对道："如今正是汉军最脆弱的时候，荥阳旦夕可破，大王万万不能功亏一篑，应该加紧对荥阳的攻势。如果准许刘邦求和，那可就是再次放虎归山了，大王不要再犯鸿门宴时的错误啊！”

项羽恍然道：“亚父提醒的是，这次一定要将刘邦彻底除掉，不然可真是后患无穷！”

于是，项羽下令加紧围攻荥阳。

刘邦见项羽不仅拒绝了自己的求和请求，反而加紧了攻势，心中大为恐惧，寝食难安。刘邦向陈平问计，陈平献计说：“项王为人恭敬仁爱，廉节好礼之士争愿归附。至于封赏之事，却显得吝啬，很多有才能的人也因此不去投靠。而大王为人却粗慢少礼，廉洁之士因此不来归附。但大王能够轻易封赏，所以那些奸猾势利无耻之徒都愿意来投靠大王。如果能去掉两者之短，兼有其两个长处，必能一统天下。可是大王喜欢肆意侮辱人，看来很难做到兼有两长，招徕廉洁之士。所以我们就只能削去项王之所长，如今项王的股肱之臣不过是亚父、钟离昧、龙且、周殷数人而已。大王如果能够拿出数万斤金，行反间之计，离间项王与亚父及众将关系，使他们自相疑忌诛杀，大王到时举兵而攻之，必然能够大破楚军。”

刘邦笑道：“好，就用反间计，陈平，我给你四万斤黄金，你去离间楚国君臣，事成一定重重封赏！”

陈平道：“臣一定不负所望！”

反间计是三十六计中最为毒辣，杀伤力最强，成功率最高的一计。秦国从秦襄公开国一直到秦始皇统一六国，每到决定历史走向的重要时刻，秦国总是依靠反间计取得完胜。

陈平于是为刘邦大行反间之计，令人在楚军中散播谣言，宣称龙

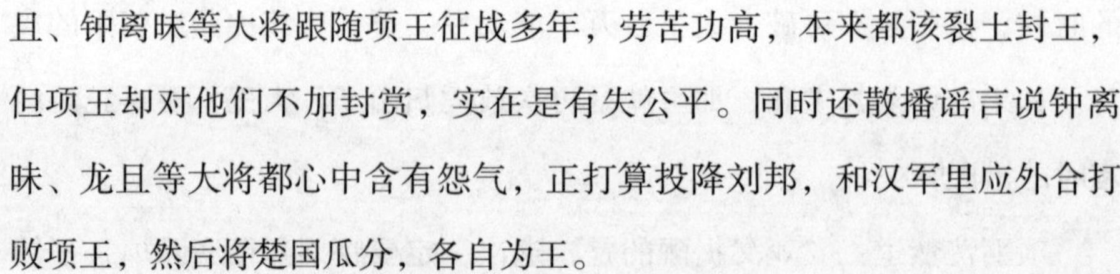

且、钟离昧等大将跟随项王征战多年，劳苦功高，本来都该裂土封王，但项王却对他们不加封赏，实在是有失公平。同时还散播谣言说钟离昧、龙且等大将都心中含有怨气，正打算投降刘邦，和汉军里应外合打败项王，然后将楚国瓜分，各自为王。

这些谣言在楚军中传得沸沸扬扬，起初项羽也没当回事，可是架不住谣言越来越传得凶，项羽心里不禁对亚父、钟离昧和龙且等人产生了猜疑。项羽为了印证自己的猜疑，就派使者到刘邦那儿去查探虚实。

使者拜见刘邦时，刘邦命人摆上丰盛酒肉招待，然后问使者："亚父可好？可有什么话要对寡人说？"

使者道："臣是项王使者，大王何故问亚父？"

刘邦即佯装大惊道："寡人还以为是亚父使者呢，原来是项王使者！来人啊，撤换饮食。"

在使者的愕然中，已经有人迅速将酒肉撤去，换上了一些粗糙食物。

使者受辱回到楚营后，就详细地向项羽叙述了自己的遭遇。项羽听后，忽然觉得孤独和心痛同时向他袭来，"难道亚父真的背叛了我？"项羽心中不住痛苦地问着自己，他不想相信，可是又觉得这很可能是事实。

为了慎重起见，项羽下令放缓对荥阳的攻势。范增知道后，立刻来责问项羽："大王为何下令放缓攻势？"

项羽冷冷地道："兵法云'不战而屈人之兵，善之善者也'，今我已切断甬道，刘邦军粮告竭，若急攻荥阳的话，刘邦肯定背死一战，我军士卒必多有死伤。故而不如缓攻，迫其投降。"

范增急道："刘邦狡诈，久藏争夺天下的野心，岂会轻易投降？军机万变，望大王急攻荥阳，数日之内攻杀刘邦！"

"亚父！"项羽道，"军事上的事你就先别管了，我自有主张。"

范增苦笑一声，既而怒道："大王看来已经听信谣言猜忌于我，罢了，罢了！如今天下大事将定，大王好自为之吧，就赐臣这把老骨头归乡吧！"说罢，失望至极地拂袖而去。

望着范增离去的背影，项羽的眼泪忍不住滑落下来。

数日后，项庄听说范增愤恨地离开了军营，赶紧来见项羽，对项羽说："大王，为什么亚父走了？"

项羽犹豫了一会儿，回答道："之前我派使者去见刘邦，刘邦误以为是亚父的使者，因此盛情款待，可是当知道是我派去的使者后，便撤去美食．以粗粮招待。再加上如今军中盛传亚父怨我不能对他裂土封王，一直心怀不平。我怕他会在这个关键时刻勾结刘邦，那我就必败无疑了。"

项庄急切道："谣言岂能当真啊大王！亚父七十多岁时出山辅佐叔父，然后又辅佐大王，尽心尽力。当年熊心削夺大王兵权，打压大王，亚父却始终对大王忠心耿耿，帮助大王夺回兵权。况且大王应该清楚亚父为人刚直，对钱财美色都无所贪求，如今他已经快八十岁了，仍然跟随大王转战千里，不辞劳苦艰辛，难道真是为了裂土封王吗？"

听了项庄这一席话，项羽额头立时沁出汗来，大惊道："糟糕，我可能中了刘邦的离间计！快去代我追回亚父！"

"诺！"项庄领命而去。

几天后，项庄一个人回来了，只带回了一个项羽最不想接受的噩耗——亚父怒火攻心病故了。

项羽悲痛地大哭起来，口中不断念着"亚父"，一拳将桌案击得粉碎，发誓道："刘邦！我让你血债血偿！传我将令，全军为亚父服丧三日，三日后一战攻破荥阳，杀掉刘邦为亚父报仇！"

攻克荥阳

为范增服丧三日后，将士们都换掉了白衣，只有项羽、项庄等项家兄弟仍在铠甲外罩上白衣。

项羽将所有兵力集中，将荥阳城包围得水泄不通，挥剑下令猛攻。刘邦下令汉军殊死抵抗，楚军则不断拼死冲锋，因为荥阳城城高墙厚，汉军又有兵力优势，所以虽然勇猛无敌，但一时也很难攻进城去。

楚军从早上攻城，一直激战到晚上，仍在不断冲锋，势必要攻杀进入。到了晚上，汉军和楚军都已经死伤累累，但楚军仍斗志旺盛，汉军则渐渐抵挡不住，荥阳城就快守不住了。

刘邦急得团团转，对陈平、张良等人说道："这可怎么办呢？项羽已经完全疯狂了，即使我现在投降，他也肯定会杀了我为亚父报仇。还有你们，你们也别想活命了。"

陈平沉思一会儿，说道："我有个计策可以助大王脱困。"

"快说，什么计策？"刘邦问。

陈平道："声东击西。大王将城中女子都集合起来，让她们穿上士兵的衣服，再让人假扮大王，率领她们从东门杀出。大王便可趁乱从西门遁走。"

刘邦大喜道："好，就用这个计策，快去布置吧！"

楚军点着火把连夜猛攻荥阳城，就在荥阳城快被攻破时，突然东城门大开，汉将纪信假扮刘邦率领两千女子假扮的军队杀了出来。楚军误以为真是刘邦，蜂拥而向东门围来，假刘邦坐在黄色屋车里，命人向楚军高喊道："城中食尽，汉王投降了！"楚军一听刘邦投降了，立刻欢呼起来："万岁！万岁！万岁！"就在此时，西城门已经没有了楚军，刘邦和陈平等数十人狼狈逃出，乘夜色逃遁而去。

项羽打马来到城东门，对着黄色屋车道："汉王既然已经投降，何不出来相见？"

这时，纪信打开车帘跳下车来。项羽惊问："你是何人？"

纪信道："我乃汉王大将纪信也！"

"汉王何在？"项羽问。

纪信得意地笑道："汉王早已出城远去了！"

项羽闻言大怒，抢过身边一名军士的火把向纪信扔去，下令道："焚杀之！"于是上百只火把纷纷向纪信砸去，纪信深陷一片火海，哀号着死去。

这时，荥阳城东门和西门都已重新合上，刘邦留下御史大夫周苛、枞公和魏豹一同守城。

刘邦之前胁迫着魏王魏豹跟随自己去攻打彭城，从彭城大败而回后，魏豹又重新投靠了项羽。刘邦想打魏豹，却力不从心，就派谋士去游说魏豹投降。魏豹回绝道："人生一世，如白驹过隙，荣华富贵又算得了什么？汉王为人轻慢无礼，喜欢肆意侮辱人，将诸侯臣下像奴隶一样骂来骂去，一点也没有君主的礼节，我不想再见他。"谋士将魏豹的这番话原原本本地回去告诉刘邦后，刘邦气得大骂起来，立刻派韩信率军攻打魏国，灭掉魏国，将魏豹作为俘虏带到了荥阳。刘邦没有杀掉魏豹，因为杀掉魏豹的话，他怕再招降别的诸侯就难了，所以就让魏豹做了御史大夫。魏豹整天面对着张口就骂人的刘邦，又从诸侯王一下子变成了小小的御史大夫，还得被迫和对自己有恩的项羽（项梁曾借兵给魏豹，助魏豹收复魏国）生死相斗，其痛苦可想而知。

可能是魏豹对刘邦表现出的厌恶情绪有点明显，所以周苛和枞公这两个刘邦的铁杆忠臣就暗里谋划道："魏豹是反复无常之人，向来亲附楚国，很可能会暗中投降楚军，与楚军里应外合袭取城池。为防意外，应该将其杀掉。"于是两人杀掉了魏豹。

烧杀纪信后，项羽继续率军攻打荥阳城，终于将荥阳攻破，周苛和枞公都被生擒。项羽见周苛甚有勇力，想收为己用，就说道："公为我将，我拜公为上将军，封三万户！"周苛骂道："我劝你还是早早投降汉王吧！你是打不过汉王的，迟早会成为汉王的阶下囚！"项羽大怒，下令道："拉出去，烹杀！将枞公一并斩首！"

成皋失守

刘邦连夜逃出荥阳后，一路狂逃到成皋。

项羽听说刘邦逃到了成皋，因此率军紧追不放，又包围了成皋。成皋城池的坚厚程度，比不上荥阳的十分之一，根本无法抵抗楚军。刘邦只得继续逃，逃出成皋北门后，刘邦马不停蹄地逃到修武，之后又逃到了韩信和张耳的大军。

攻占成皋后，项羽本想赶狗入穷巷，将刘邦赶回关中消灭掉，但刘邦却没有回关中，而是跑到了赵国。

项羽听说韩信已经攻占赵国，认为继续到赵国追击刘邦的话，战线会更长，而且韩信刚打了胜仗，士气旺盛，不宜去立刻攻打。所以项羽打算乘虚西进关中，端了刘邦的老窝，让刘邦成为丧家之犬。可是项羽刚要率军西进，却接到军报说粮道被彭越切断了。

在项羽和刘邦对峙于荥阳之时，彭越便按照刘邦的指示率军攻打楚国的东阿，项羽派部将薛公去攻打彭越，却被彭越打败斩杀。之后彭越就带着军队不断地在项羽后方搞袭扰，项羽本打算消灭了刘邦再回去收拾彭越。但彭越打仗勇猛，兵力越来越多，一连攻下十多座城池，还切断了楚军的粮道。项羽不得不决定先回去解决掉彭越这个大麻烦。项羽命大司马曹咎率领主力驻守成皋，自己带精兵回去攻打彭越，临走前项羽嘱告曹咎说："一定要守住成皋，若汉军前来挑战，千万不要出去交战，只要阻止住汉军东进就可以了。我十五日必能平定彭越，到时回军和将军再一同击破汉军！"曹咎道："大王放心，臣一定死守住成皋等候大王回来。"

项羽率军先攻打陈留，陈留攻下后，又攻打外黄（今河南民权县）。外黄叛军负隅顽抗，项羽攻打了数日才攻进城去。外黄的顽抗，令项羽心怒不已，进了城后，项羽下令城中十五岁以上的男子全部到城东集合，打算将他们全部坑杀。外黄县令属吏有个十三岁的儿子，这位少年听说项羽要坑杀城中十五岁以上男子后，前来求见项羽。

项羽奇怪一个十三岁的少年来见自己，就问道："小兄弟何事

见我？”

少年道：“大王，臣来请求你不要坑杀城中男子。大王西逐汉王之时，彭越恃强劫持外黄，外黄恐惧，不得已才降了彭越，外黄百姓日夜引颈盼望大王前来解救。今大王来，却欲坑杀百姓，百姓岂有归心？外黄以东，仍有十余座城池陷入彭越之手，倘若各城百姓听闻大王破城即行坑杀，恐怕就无人肯归顺大王了。”

项羽听了少年这番话，更加觉得惊奇，没想到一个十三岁的少年竟然有这般见识，实在是难得。项羽于是下令将准备坑杀的人全部赦免，还重重奖赏了那位少年。

其他被彭越占据的十多座城池听说了项羽赦免外黄百姓的消息，项羽大军一到，都争相归顺，彭越见打不过项羽，狼狈逃去。

项羽收复洛阳后，本打算继续追杀彭越将其斩草除根，可是忽然接到消息：成皋失守，曹咎阵亡。

原来，项羽前脚刚刚离开成皋，刘邦就带着军队杀回了成皋。刘邦将大军驻扎在广武，取食敖仓的粮食。敖仓本来是被楚军占领了的，但是刘邦率军回来后，就派大军将驻守荥阳的钟离昧围困，抢回了敖仓。

刘邦派人到成皋城下叫战，曹咎高挂免战牌不予理睬。刘邦知道自己时间有限，一旦项羽杀回来，就打不下成皋了，他还知道曹咎性情火烈，于是天天派人去挑战，曹咎始终不出一兵。刘邦没想到曹咎竟然能耐得住多番挑战，因此让部下去挑战时肆意辱骂曹咎、项羽和楚军。曹咎听着城外终日不绝的谩骂声，咬牙切齿地忍了五六天，终于再也忍不住了，下令打开城门，亲自率军出战。汉军见曹咎杀了出来，纷纷撤退，曹咎发疯似的追击，一直追到汜水，仍不甘心，打算渡过汜水继续追击。曹咎下令军队渡河，刚渡到一半时，汉军突然杀回，早就埋伏好的伏兵也杀了出来，楚军大乱，遭到惨败。曹咎眼见中计大败，自觉无面目见项羽，乃拔剑自刎而死。刘邦随即攻占成皋。

项羽率军火速杀回，先是在荥阳城外大败汉军，解救了钟离昧，然后率军杀向广武。刘邦将广武军营修建得异常坚固，严守不出。项羽下令在刘邦军营对面扎营，针锋相对。

龙且战死

大军被刘邦夺去，韩信虽然心中不快，但仍积极征调赵地军队，准备进攻齐国。当韩信集结好军队，准备进攻齐国时，却惊闻齐国已经投降刘邦，而劝降齐王田广的竟然是个手无缚鸡之力、默默无闻的辩士——郦生。

郦生是刘邦手下的一个说客，他对刘邦说："齐国地方千里，田解拥兵二十万屯驻历下（今山东济南历下区），况且田氏祖宗非常强悍，齐国又临近楚国，其民狡猾多变。今汉王虽遣数十万大军征讨，旦夕之间，未必就能攻下。不如让臣去游说齐王，使齐王归汉，共击楚国。"

刘邦道："能不打就投降最好，我这边也正需要韩信率军回来增援，只要你能劝降田广，那可是立下天大的功劳了，回来我一定给你封侯！"但在结果没出来前，刘邦没有下令韩信停止进攻齐国。

郦生果然辩才了得，到了齐国就将齐王田广说服，田广答应投靠刘邦后一起攻打楚国。

韩信知道郦生已经劝降齐王田广后，心中非常嫉妒。他身边的辩士蒯通一直希望韩信独立，想要辅佐韩信与项羽和刘邦争夺天下。这时，他对韩信说："将军受命攻打齐国，如今汉王下令叫将军不要再进攻齐国了吗？没有！所以将军仍可奉命进攻齐国。那郦生不过一说客，竟然凭三寸之舌降服七十余座大城的齐国；将军率数万之众，苦战一年才攻下赵国五十余座城池。大将军拜将数年，难道还比不上一个小小腐儒更能建立功劳吗？"这话无疑戳到了韩信的痛处，于是深怀嫉妒的韩信立刻下令攻打屯驻在历下的齐军主力。

齐王田广因为听了郦生的话，已经投降刘邦，所以齐军防备松懈下来，正好给了韩信偷袭的机会。韩信将历下齐军打败后，率军杀向临淄。齐王田广听说韩信进攻，以为郦生诓骗自己，将郦生烹杀。齐王田广知道不是韩信的敌手，主动放弃临淄，退逃高密。逃亡途中，田广和田横商量了一下，决定向项羽求救。

项羽虽然怨恨齐国，但深知一旦齐国被韩信攻下，他将陷入两线作战的险境。所以接到齐王的求救信后，项羽立刻派龙且率军救援齐国。

龙且率军到达齐国后，联合齐王田广，两军号称二十万，准备与韩信交战。这时有人向龙且献策说："汉军跋涉两千余里来进攻齐国，必然奋勇死战，锋芒锐利，不可硬碰。齐、楚两地相连，我军是在自己的国土上与敌军交战，打起恶仗了，容易溃散而去。所以不如深挖沟堑，坚筑壁垒，先不与汉军交战，消耗掉他们的锐气。同时令齐王派心腹去劝降那些投降汉军的城池守将，那些守将知道了齐王仍在，楚军又来相救，必定重新向齐王效忠，背叛汉军。如此一来，汉军欲斗则不能，欲食则齐人不给，可令汉军不战而降。"

无疑，这是一个非常好的计策，龙且如果依此计而行，齐楚联军很可能就此和韩信的军队进入长久的对峙。韩信刚刚攻下赵国，现在又大败齐军，士气非常旺盛，是战斗力最强的时候，要想打败这时的韩信，只有项羽能够做到，只有项羽凭借着自己的霸气才能完全将韩信高昂的士气给比落和抹杀掉，可惜龙且没有项羽的霸气。一向受项羽宠信且每战必胜的龙且自负地拒绝了这个计策，他说："我知道韩信的为人，没什么真本事。况且我名为救齐而来，不打仗敌军就降服的话，我还建什么功劳？现在只要打败韩信，齐国的一半土地就能划入楚国，岂能避战！"

龙且决定和韩信来场决战，率军沿潍水岸边陈兵，而对岸就是韩信的军队。夜里，韩信命军士用一万个沙袋在上游将河水堵截，使得河水流量变小。次日早上，韩信下令军队渡河进攻，龙且不等汉军全渡过来，就率军交战。打了一会儿，汉军假装出现败迹，纷纷后退。龙且大笑道："我就知道韩信是个无胆之徒。"于是率军追杀，龙且刚率领少部分兵马渡过河时，韩信突然下令部下在上游将堵在河道的沙袋刨开，洪水立刻汹涌而下，楚军大乱。韩信趁机率军猛攻楚军，楚军惨败，龙且力战而阵亡。

韩信乘胜进军，齐王田广遁逃，田横逃去了彭越那里。不久，齐国全境落入韩信之手。楚国这回直接暴露在韩信的兵锋之下，整个战局开始明显一步步向不利于项羽的方向加速转变。

韩信抑制不住功成名就的喜悦和冲动，自立为齐假王，然后派人告知刘邦，来了个先斩后奏。刘邦见了韩信派来的使者后，大骂道："我受困于此，日夜盼望你来救我，你却在那边自立为王！"张良和陈平赶紧悄声提醒刘邦道："如今情势紧急，我们根本奈何不了韩信，还是顺他的意

吧，切勿将他逼反。”刘邦才改口又道：“大丈夫平定诸侯，当做真王，做什么假王。张良，你跟使者去齐国，代寡人立韩信为齐王。”

虽然刘邦原谅了韩信，但两人的嫌隙却因此种下。

项羽惊闻龙且战死后，十分悲痛，之后又听说韩信攻下齐国后自立为王。项羽认为韩信也是个有野心的人物，决定派人去拉拢他。

盱眙人武涉领受项羽的命令前往齐国游说韩信，到了齐国后，他对韩信说：“当初秦国为暴，诸侯同心协力将其灭亡。秦国已灭，项王论功分封诸侯，休战止兵。今汉王却复起兵东向，诛杀封王，吞并诸侯之地。攻破三秦之后，汉王胁迫五诸侯兵东击楚国，其意不将天下诸侯之地吞尽誓不罢休，可见其贪得无厌之心。汉王与项王战，数次陷于项王掌握之中，蒙项王怜悯才屡次不死。可是，一旦脱身，汉王便背约攻打项王，其无信义乃至于此！足下虽然自以为和汉王交情深厚，为汉王竭尽智力用兵，却终被汉王所挟制。如今足下贵为齐王，制衡天下，右投则汉王胜，左投则项王胜。若项王败亡，下一个就会轮到足下。足下与项王有故旧之交，何不反汉而与楚合纵，必能三分天下！今不思此计，却铁心助汉攻楚，这岂是智者所虑？”

韩信静静地听完后，婉拒道：“臣之前侍奉项王，不过是个小小的持戟郎。项王对我言不听，计不用，所以我才背楚而投靠汉王。汉王则授我大将军印，给我数万之众，解衣赠我，连他的饮食也分赐给我，对我言听计从，我才有了今天的地位。汉王待我如心腹，我若背叛他，必招不祥，即使死我也不背叛汉王，劳烦你回去为我谢谢项王的盛意吧。”

武涉无功而返后，蒯通也劝说韩信要认真为自己打算，即使不投靠楚国，也不能帮助刘邦。蒯通是想让韩信与项羽和刘邦三分天下，韩信虽然有这个心思，但终是不肯脱离刘邦独立。韩信认为自己功劳无双，刘邦即使灭亡楚国，也不会将自己当作下一个敌对目标。

分一杯羹

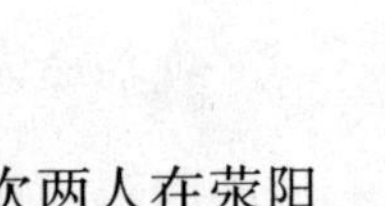

项羽和刘邦在广武一连对峙数月，这一次对峙和上一次两人在荥阳的对峙情况完全相反。

荥阳对峙时，是刘邦被切断粮道，忍饥挨饿；这一次却是项羽被切断了粮道。切断项羽粮道的当然又是那个彭越。

上次彭越被项羽打败逃走后，等项羽率军离开洛阳到广武和刘邦对峙，彭越就率军又杀回来，重新将洛阳、外黄等城占领，切断了从江浙地区通往河南的粮道，并且彭越还截获了楚军的大批军粮转运给刘邦。

刘邦这次不仅粮食充足，而且兵员也很充足，萧何在关中不断给刘邦运来兵马。

项羽想速战速决，但刘邦却一直拖着不打。项羽最后被逼迫得没办法，终于打起了人质的主意，不到万不得已，项羽实在不愿意用这招，因为用人质要挟人，对项羽来说实在有失光明，但为了尽早结束战事，早日带部下回家，他也只能出此下策了。

项羽先派使者进入汉军军营对刘邦说："身为人子，最重要的就是尽孝，如今汉王已经有两年多没对太公尽孝了，难道就不想念太公吗？

只要汉王肯投降，项王马上将太公和王后送回来。到时不仅汉王可以与家人共享天伦之乐，两军将士也可休兵还乡与家人相聚，何乐而不为呢？”

刘邦笑道：“既然项王已经代我赡养老父两年多了，也不在乎多养两年吧？我知道楚军军粮短缺，但项王仁义，定然不会饿到我的家人。回去告诉项王，等我这没吃的了，我再考虑投降。”

使者回来跟项羽说了见刘邦的情形后，项羽怒道：“好，我倒要看看刘邦是不是真的狼心狗肺不认生父！”

项羽命人在军前支起一口大锅，倒入半锅水，在锅底堆上木柴点火烧了起来。在大锅旁高高地支起一张大大的面板，然后两名军士将刘太公拉到面板前。

一直负责嘹望楚营的军士将楚军的奇怪举动告诉了刘邦后，刘邦出来站在高处看向楚营。只见一口大锅正冒着热气，一张大大的面板上摆放着大刀，而他的父亲刘太公就站在一边。

项羽远远地看见了刘邦，向刘邦喊道：“刘邦！再不投降，我就将太公烹杀！”

过了会儿，刘邦也喊道：“我和你当年同为义帝臣子，以兄弟相称，我的老爹就是你的老爹！你想杀的话就杀吧，不过别忘了，煮熟了后派人分我一杯羹！”

刘邦此话一出，登时把项羽噎得够呛，半天才自言自语地骂道：“没想到世上还有这么无耻的人！”

这时，站在项羽身边的项伯进谏道：“大王，汉王与大王争夺天下，如果他顾家的话，就走不到今天。今日即使杀了刘太公也无益于事，徒增骂名罢了。”

项羽原本也不是真的要杀掉刘太虞公，听了项伯的话后，愤愤地转身回了军营。项伯吩咐军士将刘太公带了回去，向刘邦看了看也转身回了军营。

项羽回到帅帐后，拿起酒便喝下一大口。虞姬走过来抓住项羽的手道：“大王，不要这样。”

项羽带着疲惫道：“虞姬，真想不到我项羽英雄一世，如今竟然做起了用人质威胁人的勾当。”

虞姬宽慰道：“大王，妾知道你只是想吓一吓汉王，其实军中上下都知道你对刘太公和汉王后很好，无论多艰难都没有亏待过他们。如今两国相斗，最苦的还是百姓和士卒。暴秦之时，百姓就深受苦难，等到诸侯起兵反秦，天下大乱，百姓更是处于水深火热之中。没想到大王分封完诸侯，还是战火连年。今日大王不惜遭受嘲笑逼迫汉王投降，无非也是为了尽早结束战争，让百姓和将士们不再饱受饥寒之苦。”

项羽也拉住虞姬的另一只手道：“放心吧，一切就快结束了。”

刘邦中箭

这样又过了一段时间，项羽决定邀请刘邦来一场公平的二人决斗，来定胜负，并签订和约。

项羽写了封信，派使者给刘邦送去，项羽在信中说：“天下扰攘数

岁，民不得安宁，归根结底不过是因为你我两人相斗。既然是这样，不如你我二人决斗一场以定雌雄，不要再连累百姓受苦了。”

项羽写这封信的时候，其实没有考虑过他提出单挑的这个建议对刘邦来说并不公平，因为论武功，刘邦根本不可能是项羽的敌手，普天之下根本无人是项羽的敌手。项羽不是想故意占刘邦便宜，他其实想得很简单，既然是你刘邦和我两个人想争夺地盘和定立谁为君臣，那就两个人痛痛快快打一场来决定就是了。打完了，决出胜负一签约，然后谁也不准再反悔，各自带兵回去，从此天下太平就完事了。

可是鬼心眼一向多的刘邦却认为项羽这是故意欺负自己单打独斗的本事不济，打输了的话肯定丢人，那还不如干脆投降呢。所以刘邦让使者回去对项羽说：“我喜欢斗智，不喜欢斗力。咱们还是继续斗智吧。”

项羽见刘邦又要无赖，就选派军中勇士到刘邦军营前挑战。汉军中有个军士叫楼烦，生得魁梧凶悍，精于骑射，他见楚军勇士在营外挑战，就拉开大弓一箭射去，将楚军勇士射死。项羽就派第二名勇士继续去挑战，又被楼烦射杀，接着项羽派出第三名勇士去挑战，结果还是被楼烦射杀。汉军观看的军卒都得意得叫嚣起来，项羽大怒，亲自披上铠甲，手持黑戟，骑马来到汉军营前。楼烦又欲张弓射箭，项羽当即瞪起眼睛冲其大吼一声，还在得意的汉军军卒被这一声大吼震住了，脸上的表情和身躯仿佛瞬间被凝固似的，好一会儿才回过神来。楼烦更是被吓得举着弓箭直哆嗦，本来正在瞄准的眼睛也不敢再接触项羽的目光，回过神来后，连忙带着其他人跑下壁垒躲藏了起来，再也不敢出来了。

刘邦在军营里听到一声震吼，急忙派人去查看，才知道那震吼原来是由项羽发出的，还听说自己那名射杀了三名楚军勇士的猛人楼烦竟然愣是被项羽给吓成了缩头乌龟，不禁大惊失色。这事在军中传开的话肯定会严重动摇军心士气，刘邦见项羽仍在外面挑战，就硬着头皮穿戴好盔甲前去会见。

刘邦站在壁垒上对项羽说："项王好气魄啊，一声怒吼就把我从周公那里拉回来了，哈哈……"

项羽微微仰头看着刘邦道："废话少说，天下战火因你我而起，当由你我来结束，今天我们决斗一场，胜负各凭天命！"

刘邦狡辩道："项王说错了，这不是你我之间的事，是天下人的事，你是罪人，我举义兵讨伐你，怎能跟你私斗呢？"

项羽怒道："刘邦！战火是你先挑起来的，如今却说我是罪人，你实在太无耻了！"

刘邦笑道："既然项王不服，那我就举出你的罪状，让大家听听来评评理。当初义帝与我们约定，谁先入关谁就为关中之王，寡人先攻入关中，你却违背约定，将我封在巴蜀那种鬼地方，这是你的第一条罪状；义帝派卿子冠军宋义救援巨鹿，你却矫诏诛杀宋义，夺取兵权，这是你的第二条罪状；巨鹿之围解除后，你本该带着军队回楚国向义帝报捷复命，却擅自率领着诸侯杀进关中，这是你的第三条罪状；义帝告诫诸将入关后不能暴掠百姓，你却焚烧秦国宫殿，挖毁皇帝陵墓，私藏秦官财物，这是你的第四条罪状；杀害秦王子婴，这是你的第五条罪状：无故坑杀秦军降卒二十万于新安，却分封三个秦将为诸侯，这是你的第六条罪状；分封诸侯时，你将先前的诸侯王都迁到寒穷之地，却将丰饶之地都封给亲信将领，致使身为臣子的都纷纷攻打其君王，这是你的第七条罪状；分封诸侯时，封给自己的土地最多，又夺占义帝的都城，吞并韩王的封地，这是你的第八条罪状；派人暗杀义帝，这是你的第九条

罪状；坑杀降兵，为政不平、不信，天下所不容，大逆不道，这是你的第十条罪状。我率领义军与诸侯协力诛除残暴的贼人，就是你项羽，所以何苦与你单挑呢？”

如此一番大言不惭的胡说八道，气的项羽差点当场吐血，项羽抢过身边军士的弓箭，也没有瞄准，完全凭感觉快速射出一箭，“嗖”的一声，箭射刘邦飞去，直穿透盔甲没入刘邦胸口。刘邦大叫一声，不愧是猾贼中的天才，明明是射中了心口，刘邦却俯下身拔掉弓箭，抱着脚趾头探出头来冲项羽笑道：“项王箭法退步了啊，射中了我的脚趾头！”

没等项羽再说什么，刘邦就赶紧由军士扶着走下了壁垒。

项羽这一箭射得的确很猛，如果不是穿着盔甲，刘邦肯定必死无疑，即使如今有盔甲保护，刘邦还是受了重伤。于是汉军军营里流传起谣言，说刘邦被项羽射成重伤，有的还说被射死了。张良怕军心大乱，让刘邦强忍着伤痛巡视了军营一番，才算是安定了人心。

第九章

死亦为鬼雄

项羽自刎后，楚国全境投降，只有鲁县（今山东曲阜）坚不投降。驻守鲁县的是一位姓李的将军，麾下有三千人的军队。鲁县乃孔子故乡，人人恪守忠义，刘邦不敢强攻鲁县，派人拿着项羽的人头去给鲁县军民看，李将军见项羽果然身故，只好答应投降。

鸿沟之盟

随着彭越的实力越来越强大，项羽背后的梁地已经有二十多座城池被其攻占，并完全切断了楚军的粮道。此时，项羽已经没有足够的军队可以派去攻打彭越，而军中储存的粮草也已经将近告竭。更糟糕的是，韩信已经开始率领齐军攻打楚国。项羽陷入了前所未有的困境之中。

因为项羽一直非常仁爱和体恤部下，所以即使在这种情况下军中也无人做逃兵，更没人想去投靠刘邦。

而刘邦经过一段时间的调养，也已经痊愈，其实已经和项羽恶战了四年，刘邦也疲惫不堪了。虽然此时他兵多，粮多，但也已经是强弩之末。如果战事再拖下去的话，做汉军后勤的萧何也没能力再给刘邦支援了，而刘邦最担心的是，自己一旦和项羽打成两败俱伤，那么最得利的肯定是韩信，他对韩信没有多少信任。

此外，还有一样令刘邦很畏惧，他怕项羽真的绝粮的时候再来一次破釜沉舟，那他可真没有把握能支撑得住。所以刘邦这次主动派说客陆贾去见项羽求和。

陆贾对项羽说："前时大王欲烹杀刘太公，汉王甚为恐惧，特遣臣来议和，请大王将太公及王后释放。"项羽道："当初我劝汉王尽早罢兵，接回太公，奈何汉王让我代他多奉养两年太公，如今又叫我送回太公。汉王如此反复，实在令我难以适从。”陆贾道：“大王以仁义称霸天下，岂有不让人尽孝之理？孝道为人伦之本，今大王挟持人父，不让人子尽孝，试问天下诸侯将如何看待大王？”

项羽道：“自古忠孝不能两全，汉王既然选择为怀王尽忠，心中应当料到难能再尽孝道。当初我与汉王俱在彭城之时，确实皆为怀王之臣，但是当我诛杀宋义时，怀王已经拜我为上将军，诸将尽归我调遣。巨鹿一战，项羽救赵而迫使章邯投降之后，诸侯皆奉我为主，是以项羽率诸侯军入关，分封天下，义帝无功，徒有虚名，项羽才是天下真正的主宰。当时，汉王与诸侯皆向我称臣，当我东归彭城之后，汉王却反于巴蜀，攻占关中，岂非作乱之臣？假借为义帝报仇之名，行夺天下之实，愚弄诸侯，混淆公义，项羽实在不齿其为人！”

陆贾争辩道：“怀王乃汉王旧主，汉王屈于大王威势才奉大王为新主。汉王闻新主杀旧主，起兵讨伐大王，汉王何罪之有？”

“哈哈哈……”项羽笑道，“你说错了，我才是汉王旧主，怀王乃新主。当初汉王为沛公，刚刚起兵反秦，被部下雍齿背叛，占据了丰城。汉王虽屡次攻打，仍难收回丰城，后来穷困投到我叔父项梁帐下，我叔父借兵五千，战将十人给汉王，汉王方能收回丰城。从此立足于沛丰之间纵横天下，终能裂土封王。以此观之，汉王实为我项氏家臣也！”

陆贾一时脸红语塞，半天才反驳道：“项梁乃怀王之臣，汉王投靠项梁，是如同投靠怀王，是为怀王之臣。”

项羽道：“你难道不知道吗？汉王投靠我家之时，怀王仍在牧羊，堂堂沛公难道就成了牧羊人的臣子？我不想再纠缠这些过往恩怨，你回

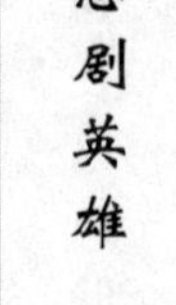

去对汉王说，送太公回去就一个条件——立刻投降，退回关中！”

陆贾笑道：“如今汉王兵多食足，大王兵少食绝，却让汉王投降，恕臣愚陋，臣从未听说过这么荒诞的事情。”

项羽道：“自我会稽起兵至今，大小数十战，哪一仗不是以少敌强？汉王不降，我绝不退兵！汉王也别想接回太公！你回去复命吧！”

陆贾见项羽已有怒色，不敢再言，赶紧拜辞离去。陆贾无功而返，令刘邦愁闷不已，张良和陈平也无计可施。一天，忽然一个姓侯的老翁来求见刘邦，说他能说服项羽与汉军议和，于是刘邦呼其为侯公，派其游说项羽。

项羽见这次刘邦的使者是一老翁，就特意吩咐军士端上一些比较软的精细食物招待。

项羽问侯公：“公为汉王前来游说，也是劝我释放刘太公吗？”侯公摇摇头道：“大王，臣不是为汉王来游说，是为天下人来游说大王。”

项羽疑问道：“为天下人？公请明言。”

侯公道：“数十日前，大王欲与汉王独斗决胜负，所为的可是不忍天下百姓再受战乱之苦，又以为争夺天下者不过是大王与汉王两人而已？”项羽道：“不错，我正是那么想的。”

侯公道：“这就是了，大王不忍天下百姓再受苦楚，是以臣为天下百姓来见大王。如今汉王不肯与大王独斗，楚汉继续相对峙，难道大王打算这样长此对峙下去吗？大王在此对峙一天，百姓和士卒便受苦一天。当初大王会稽起兵，不就是为了灭除给天下百姓带来苦难的暴秦吗？现在暴秦已经灭亡，百姓却依然徘徊于生死边缘，这不是大王当初的所愿吧？时势所逼，如今大王与汉王必须一人要作出牺牲，尽快议和，才能尽早为天下带来和平。”

侯公这些话，可以说字字都像刺一样扎进了项羽的心中。项羽终于决定议和，对侯公道：“公回去为我告诉汉王，说我愿意议和，请他明日与我在军前相见。”

侯公喜道：“臣代天下人谢大王！”

项羽还礼道：“项羽久累百姓遭受苦楚，其罪深矣，不敢受谢。”

侯公回到刘邦那里说项羽同意议和后，刘邦大喜。第二天上午，项羽和刘邦各自走出两军营前相见。

刘邦向项羽喊道：“项王，你我争夺天下三年，如今势均力敌，咱们就将天下一分为二，鸿沟（沟通黄河和淮河的人工运河）以西土地归我，鸿沟以东土地归你。你看如何？”

对于刘邦的这个提议，项羽心里早就有了预料，因此很快就回复道：“好！我们各自写和约，送去对方亲自盖印。”

刘邦道：“没问题！那我的家人呢？”

项羽道：“我即刻释放！”说完，项羽挥了挥手，两名军士拉着马车将刘邦父母和老婆吕雉带出楚军大营。

项羽写好和约，签字盖印后，交给了项伯。项伯装上和约，带着载着刘邦父母、妻子的马车走向汉军大营。

刘邦见自己的父母、妻子毫发无损，向项羽谢道：“多谢项王代我照顾家人，以后我们还是兄弟，不分君臣，同享富贵！”

项羽道：“但愿汉王遵守信义！”

刘邦照着项羽的和约内容也写了一份，然后签字盖印交给了项伯。

两军将士见和约签成，以为不再打仗了，全都山呼起“万岁”，他们怎么也不会想到，最残酷的一仗才刚要拉开序幕。

背信弃义

和约签订后，项羽下令军中士卒收拾行装，准备次日拔营东归。

见项羽回来，虞姬问道："妾听见将士们大呼万岁，是不是和约签成了？"

项羽微笑道："嗯，正像我所预料的，刘邦提出以鸿沟为界，鸿沟以西归汉，鸿沟以东归楚。明天我们就启程回彭城。"

虞姬帮项羽解下披风说道："说实话，妾早就盼着停战，可如今签订了和约，妾心里又觉得有些不太好的感觉。汉王为人狡猾多变，他的那些大将和谋臣也都心怀虎狼，真希望他们能够到此满足，不再兴兵战乱。"

项羽坐下，拿起虞姬给温好的酒，斟了一爵说："刘邦为人的确贪婪狡诈，不过如今在两军数十万将士面前签订的和约，刘邦应该不会冒着被天下人非议的风险来重燃战火。不要担心了，来，你也饮一爵暖暖身子。"

次日，楚军开始有序拔营东归，刘邦站在壁垒上看着楚军撤兵，对站在身边的张良和陈平说："项羽撤军了，我们也该拔营回关中了，这鬼地方我是一天也不想待了。"

张良却说道：“楚军虽然撤了，但我们不能撤。”

刘邦笑道：“你怕项羽去而复返？不会的，项羽为人看重信义，绝不会违背和约的。”

“和约可在大王身上？”张良问。

“不错，在寡人身上。”刘邦说着从怀里拿出一块素帛。

张良从刘邦手里拿过素帛，将其放在地上摊开，随手抽出身上的佩剑，照着素帛就砍。

刘邦惊道：“你做什么？”

张良已然将素帛砍碎，笑道：“当然是毁约了，大王。”

陈平也在笑道：“大王，张侯（刘邦这时封张良为成信侯）的意思是我们不必遵守和约，应该趁机追杀项王。”

张良道：“不错！如今天下大半已归于大王所有，诸侯皆亲附于汉。而楚军疲惫，粮食断绝，此乃天亡西楚之时，正是天予不取，必受其祸，大王应急进兵追杀项羽。切勿养虎为患。”

刘邦犹豫道：“可是现在刚刚和项羽签订了和约，这么快就撕毁和约，天下人岂不是会笑寡人毫无信义？”

张良道：“大王能取得天下，区区信义空名何足为重？大王既然起兵反楚，就已经没有回头路，天无二日，民无二王，大王与项羽岂能并王天下？”

陈平也劝道：“大王如能取得天下，天下间只会称颂大王丰功伟业，今日背约之事，不会有人说大王背信弃义，只会笑项羽愚笨不足成大事，非真英雄。大王勿疑！”

在张良和陈平两大谋士的极力劝说下，刘邦终于决定背信弃义，准备率军追击楚军。

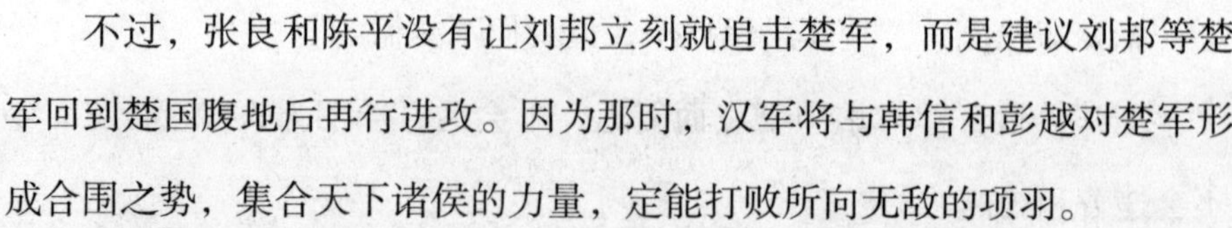

不过，张良和陈平没有让刘邦立刻就追击楚军，而是建议刘邦等楚军回到楚国腹地后再行进攻。因为那时，汉军将与韩信和彭越对楚军形成合围之势，集合天下诸侯的力量，定能打败所向无敌的项羽。

而项羽对这一切毫不知情，假如项羽能多留一个心眼，应当命钟离昧或者自己亲自率领部分精兵在东归的路上设下埋伏，定会给追赶而来的刘邦一个重创。那样的话，刘邦想和韩信、彭越结成包围圈包围楚军就不容易了，甚至根本不可能了，项羽将会有足够的时间布置兵力防御或反攻刘邦。

可惜，项羽是个胸怀坦荡的英雄，不会故意往坏处想某个人，张良与陈平早就看透了这一点。

刘邦率军一路尾随项羽，追到阳夏（今河南省太康县）时，刘邦下令暂时停止再追。

刘邦分派出两批使者去见韩信和彭越，让两人率军到固陵（今河南省淮阳之北）与自己会合，然后包围项羽。

见到刘邦派来的使者后，韩信和彭越心里想道："之前你刘邦，没有知会我们就和项羽定下了鸿沟和约，我们为你刘邦卖命多年，却得到这么点东西，实在太轻视人了。这次给不了像样的好处，别想再指使人干活！"

刘邦这时不知道韩信和彭越的想法，以为他们肯定会奉命率军赶到固陵和自己会合，包围项羽。

这时，项羽终于发现刘邦已经违背和约，率军来追击。

钟离昧对项羽说："大王，请留臣在固陵阻击汉军，大王速速撤回江东，有长江天险阻隔，汉军必然不敢过江。大王到时修整一番，再率江东子弟过江进攻汉军，定然能收回天下！"

项羽黯然道："曹咎、龙且已经战死，我不能再将你置于险境。况且汉军虽然来势汹汹，但我还没把他们放在眼里。"

钟离昧道："大王待臣如心腹兄弟，今事急，正是臣以死报大王恩义之时！而且单凭汉军固然不足为虑，但臣怕韩信和彭越等人会同汉军合兵来攻，那我们就危险了。所以大王还是听从臣的建议，尽速东撤渡江吧，留下臣来断后。"

项羽断然道："不行！我绝不能让你留下送死！"

站在一旁静静听两人说话的大将季布这时说道："大王，让臣去刺杀韩信和彭越，只要韩信和彭越一死，他们就会陷入内乱，无暇再援助刘邦了。"

项羽道："不可，韩信和彭越虽然助刘邦反我，但两人都是当世名将，不能将他们暗杀，那样做会有辱他们的身份。即使他们一起来，我也不怕！"

钟离昧问道："可是如今汉军已经追近，我们该如何应对？"

项羽道："自从鸿沟和约签订后，将士们便以为不用再打仗了，可以回家和家人团聚了，如今我军将士归心似箭，人人怀其家人，士气已经大泄，不能够严阵以待汉军到来进行决战。只能佯装不知道被汉军追击，待汉军大意之时，我们可以杀他一个回马枪，必能大败刘邦！"

钟离昧和季布同声赞道："大王好计谋！"

公元前202年10月，刘邦率军追楚军到了固陵后，却并没有等到韩信和彭越率军前来增援，反而是项羽率军冲杀过来。刘邦数十万兵马仓促应战，项羽骑着乌骓马几回驰奔就将汉军冲得阵形大乱，楚军奋勇作战，汉军不久即大溃而去。

刘邦败退后，项羽怕将刘邦逼急了，遭到反咬，所以没继续追击。

于是项羽和刘邦各自立下营寨，重新对峙起来。

刘邦大败后，痛骂韩信和彭越不来增援，就问张良该怎么办。张良献计说：“韩信和彭越之所以不来，肯定是因为大王还没有许诺给他们好处。如今楚军就快战败了，大王还没有承诺分给他们多少土地，他们当然不会来了。韩信战功累累，自立为齐王，这不是出自大王真心实意，所以韩信对此很不放心。彭越平定了梁地，也是战功赫赫，当初大王因为魏王魏豹的缘故，只让彭越做了魏国的相国，如今魏豹早已经死了，大王对彭越却依然没有什么表示。”

刘邦怒道：“寡人都已经将齐国封给韩信了，他到底想要多少才够？”

张良道：“大王不要动怒，现在最重要的是先灭掉楚国。大王可许诺灭楚后，将自陈县以东至渤海之地都封给韩信；将自洛阳以北至谷城之地都封给彭越，立彭越为梁王。那么，两人为了各自的利益一定会亲自率军来会合。”

刘邦同意了张良的计策，再次派使者分别去见韩信和彭越，对他们说：“请与汉军合力击楚，楚国一灭，就将陈县以东至渤海封给齐王，将洛阳以北至谷城封给彭相国。”韩信和彭越大喜，立刻表示愿意起倾国之兵会合汉军攻打楚军。

不久，韩信率军攻占彭城，迅速占领楚国大片地区，并率军三十万赶来和刘邦会合。

成功诱使韩信和彭越前来会合后，刘邦又在张良的建议下，派英布去收服他原来的封国九江。

此时，镇守九江的是项羽的大司马周殷。在英布回到九江的同时，刘邦的大将刘贾也率军到了九江。刘贾和英布派人去对周殷说：“项王

已经被汉王、齐王韩信和彭越等各路诸侯围困在固陵附近，败亡只是旦夕之间的事，大司马还是早想自全之计吧！”

周殷果然为了明哲保身，向英布和刘贾投降，立刻率领九江兵前去与刘邦会合。同时，刘邦封英布为淮南王，满足了英布的胃口。

到了这时，不难看出项羽的处境已经多么的凶险了。刘邦、韩信、彭越、英布等人正像饿狼一样准备对项羽发动致命的撕咬，项羽即将迎来他人生中最惨烈的一场大战！

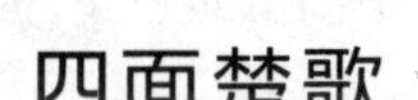

四面楚歌

周殷反叛后，因为九江国都城六县的军民忠于项羽，所以他就在六县进行了屠城，而后率军跟随刘贾北上。两人到了城父时，城父百姓也是因为忠于项羽，遭到屠城。

与此同时，刘邦见韩信、彭越等人都已经发兵，于是从固陵起兵向东推进。项羽率军撤退到垓下（今安徽灵璧东南）。

公元前202年12月，刘邦、韩信、彭越、英布四路大军将项羽包围在垓下。此时，项羽兵力为十万，而且已经陷入绝粮困境，刘邦联军兵力超过五十万。

韩信率齐军三十万居楚军正面为中军，韩信背后是刘邦，刘邦背后是部将柴将军和周勃；韩信左面是刘邦部将孔将军，右面是刘邦部将费

将军，费将军后面是灌婴，灌婴所率领的全部是汉军精锐骑兵。英布、彭越、刘贾、周殷等各路诸侯则分布在楚军其他三面，项羽被彻底包围了，十万楚军在数十万汉军的包围下，仿佛一望无际大海里的一叶孤舟。

项羽见韩信和刘邦在自己的正面，认为要打败敌军的话，必须擒贼擒王，集中全力进攻韩信，韩信溃败后，刘邦就会跟着溃败，之后其他人就容易对付了。

这一次，项羽的处境比彭城之战时要凶险千百倍，最糟糕的还不是军粮匮乏、将士们面带饥色，士气低落才是最糟糕的。项羽之所以每次都能以少胜多，所凭借的一是他身先士卒的勇武，第二则是傲视天下的军心士气，如今将士们人人心怀东归，日夜想念家人，这令他们在打仗的时候有了顾虑。现在，将士们虽然也都愿意将生命交给项羽，也会义无反顾地用死亡和鲜血来表达对项羽的忠诚，但与以往所不同的是，他们争相赴死的时候，脑海里会回荡起家乡亲人的音容笑貌，只要他们因此有一秒钟的恍惚，恐怕就会被敌军砍伤或杀死。

深陷包围，项羽知道速战速决对自己最有利。所以项羽亲自率领主力向正面的韩信发动猛攻，韩信的齐军与项羽交战一会儿后，开始抵挡不住攻势，不断后撤。虽然不断被项羽兵锋压缩着后撤，但齐军被韩信调教得好，败而不乱，韩信一直在后压着阵脚，指挥军队边战边撤。项羽当然也清楚自己直线率军杀入敌阵，敌军的两翼肯定会拦腰截击并从后包抄自己，但他仍必须这么做。项羽打算凭借着一口锐气和闪电一般的速度来尽快击溃韩信和刘邦，只要韩信和刘邦溃败，即使自己被敌军的两翼合围住，也不会有太大危险了。可是，项羽率军冲杀得虽然够迅猛，奈何韩信的齐军实在人数太多了，即使齐军不还手，只是站着等楚军砍杀，也不是一时片刻就能杀光的。关键还在于韩信领兵有道，他的军队虽然抵挡不住楚军的攻势，但是却没有被楚军拼命的气势所吓倒，如果齐军对楚军有了恐惧感，别说三十万军队，就是三百万军队恐怕也早就作鸟兽散了。

随着项羽攻击韩信越来越深入，部署在两翼的敌军开始将楚军合围，项羽进击韩信的速度立时降了下来，韩信见状后，指挥军队全力反攻，项羽不得不和敌军进行人海大战。楚军虽然依旧喊杀震天，但其中因为夹杂着思乡的情绪，因此听上去不再像巨鹿之战时那样气势逼人震撼人心。楚军士卒的戈和剑也不像当初那样挥舞得有力迅猛了，也开始因为伤痛而哀叫了。项羽看着自己的部下在敌人如狼群般的围攻下，一个接着一个地壮烈倒下去，心中像刀刮一样。项羽不得不率军向军营后撤，敌军虽然没有阻挡住项羽杀回军营，但经此惨烈一战，楚军伤亡大半。

刘邦和韩信的军队也损失惨重，刘邦没想到楚军的战斗力竟然还是这么强大，所以虽然已经将项羽重重包围，但他还是不敢贸然下令大军冲杀进楚军军营。

这天晚上，张良对刘邦说：“白天我们之所以能够打败项羽，完全是因为楚军士气已经不像从前那样高昂了，只要我们能将楚军剩余的士气都给打掉，那么项羽就可一战而擒了。”

刘邦忙问：“有什么良策可以泄掉楚军的士气？”张良道：“大王及我军将士多有楚人，淮南王英布和周殷的九江兵马都是楚人，齐王韩信军中也多有楚人。大王可以让军中楚人齐唱楚歌，其他不会唱的军卒跟着唱上两遍自然会唱了。只要数十万将士唱上一个时辰的楚歌，楚军士气必然瓦解。”

于是刘邦下令大军齐唱楚歌。楚歌曲调凄幽哀婉，数十万人在夜里齐唱的话，肯定会听着肝肠寸断，尤其是被思乡的人听到。

项羽苦战了一天，非常疲惫，回到军营吃了点东西，到处巡视一遍，慰问完受伤的部下后，已经快天黑了。最后又和钟离昧、季布等人商讨了一个多时辰的军情，然后就休息了。

睡到半夜，项羽突然被帐外传来的楚歌声惊醒，侧耳一听，低沉的楚歌声从四面传来，项羽震惊道："莫非汉王已经尽得楚地？为何如此多楚人唱歌？"

项羽走出军帐一看，只见众多军卒都走出帐篷，听着楚歌在相对默默流泪。项羽举目四望，夜空非常辽阔，没有月亮，只有无数寒星闪烁，夜风载着从四面八方的敌营飘出的楚歌直来到篝火黯然的楚军大营。

项羽不忍再听，走回军帐，命军士将酒肉拿来。这时虞姬也已经起来，为项羽披上一件皮裘，然后为项羽斟酒。五六名近身侍卫侍立在桌案两侧。

项羽一连饮了数爵后，对心怜他的虞姬悲笑道："我很久没有唱过楚歌了，今天也唱上一曲。"虞姬泣道："让妾舞剑为大王助兴。"项羽点点头，对侍卫们说："我来唱，你们为我击节。"于是项羽站起身昂首唱道："力拔山兮气盖世，时不利兮骓不逝。骓不逝兮可奈何，虞兮虞兮奈若何！"

项羽唱完，泣下数行，饮尽一爵道："来，众人与我相和再唱！"

于是，项羽又唱了起来，虞姬和侍卫们相和而唱，虞姬唱着唱着终于泣不成声，侍卫们也全都掩面低泣起来，无比的悲伤弥漫在整个军帐之中。

就在项羽流泪唱完最后一遍时，突然之间，独自起舞的虞姬横剑在自己的肩上，然后用力一划，鲜血瞬间流了出来，剑掉在了地上，虞姬也随之倒下。

项羽悲叫一声："虞姬！"冲过来抱住了虞姬，按住了虞姬的颈部伤口。

虞姬微笑道："妾不想拖累大王，妾……死了，大王就……不会……不会有牵挂了……一定可……以冲杀……出去……"说完，虞姬永远地闭上了眼睛，最后一行眼泪顺着眼角滑落入项羽的手里。

项羽瞬间如万箭穿心般剧痛，大叫起来："虞姬。"不知道过了多久，项羽的眼泪似乎已经哭干了，虞姬的血也已经凝固，侍卫们仍伏在地上。

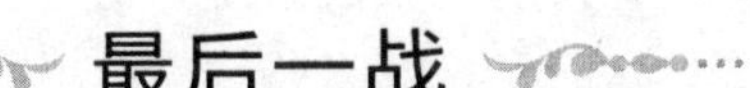

最后一战

项羽将虞姬放到榻上，然后对帐中的侍卫们说："解围之后，护送虞姬回江东安葬。"侍卫们伏地齐声应道："诺。"对于虞姬真正的安葬之地，史学家至今仍存在争议。

今安徽省灵璧县有虞姬墓。有一种说法是，虞姬自刎后，她的头和身体是分开被埋葬的，身体被埋葬在了位于灵璧县的虞姬墓里，而头颅则被埋葬在今天的安徽省定远县二龙乡的虞姬墓里。

项羽走出军帐，将众将召集到篝火旁说："你们各自回去挑选愿意跟从我杀出重围的到这里来集合，愿意留在军营的可以等到明日向汉军投降，汉王应该不会难为投降的军卒。"

钟离眛、季布等人皆道："大王，我们都愿意奋死保护你杀出重围！没有人愿意投降！"

项羽道："我知道将士们对我忠心耿耿，但我不能让所有人都跟随着我冒险，而且如果所有人一起突围的话，目标太大，敌人一定很快发觉，那样的话我们很可能会全军覆没。我只能带少部分人突围，这样大家才都有活下去的可能。快去按我说的办吧！"

钟离眛、季布等人领命而去，项羽自己也在亲卫之中挑选了一些人。不一会儿，钟离眛和季布等人带着各自挑选的壮士来到篝火旁集合，一共八百余人。

此时已经到了后半夜，项羽与八百将士骑上战马，离开军营，在夜色的掩护下，悄悄地穿过重围，向南驰去。

次日黎明时，才有人发觉项羽已经带着少数人马冲出了重围，刘邦得到消息后，立刻命灌婴率领五千精兵追击，并在军中下令说："能得项羽人头者，赏千金，封万户侯。"所以，在灌婴身后，有无数的将领都各自带着部下尾随追杀而来，人人都想得千金，封万户侯。

项羽人困马乏，除了项羽的乌骓战马雄健依旧外，其他人的战马都已经明显体力不济。由于粮草匮乏数月，楚军的战马根本就不能吃上多少马料，只能吃些干草充饥，试问战马的体力又怎么维持得住呢？灌婴率领的那五千精壮汉军骑兵很快就追上了项羽。

项羽索性勒住马，望着滚滚追杀而来的汉军铁骑对钟离眛、季布等人道："汉军来者不下数千人，我们就在此和他们决一死战吧！"

钟离眛和季布却突然打马走了出来，将剑横在脖子上。

项羽急问："你们这是何意？"

钟离眛、季布泣道："大王，请让我们留下阻击，你快继续向南撤走！”

项羽道：“敌军虽众，我们也一定能将他们打败，打败他们后我们一起再南撤。”

钟离眛和季布坚决道：“大王不要再说了，快走吧！”

项羽怒道：“你们敢违抗军令！”

钟离眛、季布急切道：“大王！快走！”

项羽只能一咬牙掉转马头，留下钟离眛和季布率领三百多人阻击灌婴，自己率领其他人继续向南退走。但是灌婴有五千多人马，钟离眛和季布两人并不能阻挡住多少人，还是有数千人直接向项羽追杀而去。项羽边战边退，汉军虽然人强马壮，但也堵截不住项羽。项羽渡过淮水之时，跟随他的只剩下了百余人，但终于暂时摆脱了汉军的追杀。

行至阴陵（今安徽省定远西北）时，项羽来到一条岔路口，不知道该走哪条路。这时他看到一个农夫，就向农夫问哪条路是南下的，农夫不知道和项羽有什么深仇大恨，竟然指了一条死路给项羽，说是“左走”。项羽没有怀疑，立刻率领部下走左边岔路，不久便走到了沼泽之中。马蹄陷在沼泽中，难以奔驰前行，数千汉军却追杀而来。又经过一场恶战，项羽终于摆脱沼泽向东退走到了东城（今安徽省定远东南）附近。这时项羽只剩下了二十八名部下，项羽环顾仅剩的这二十八名部下，人人都以坚定的目光看着项羽。汉军数千又追杀过来，项羽觉得这回恐怕难以脱难了，所以率领二十八名部下退到一个小土山上，汉军则像潮水一样将山团团围困。

项羽下马对部下们说道：“自我会稽起兵至今，八年来经历七十余战，追亡逐北，所向无敌，未尝一败，遂霸有天下！然而今日却终于受困于此，此天之亡我，非战之罪也。今日固然决死，愿与诸君同汉军最

后痛快一战，必三胜汉军，为诸君冲破重围，杀敌将，斩敌旗，令诸君知道实天之亡我，非战之罪也！”

于是，项羽将二十八名部下分为四队，对部下们说：“一会儿诸君与我同时从四面冲下，我为诸君杀彼一将军。然后我们在山的东面分成三队集合。”

“遵大王命！”部下们皆应。

项羽与部下又重新骑上战马，挺起黑铁戟向山下指道：“杀！”于是与部下大喊着从四面猛冲下来，汉军被这雷霆万钧之势吓得人马惊骇，一名汉军将领没等回过神来就被项羽一戟戳死。汉军大将杨喜冲了下来，急忙率军从另一边跑过来，打算围杀项羽，抢得万户侯的封赏。杨喜刚兴冲冲地冲到项羽面前，项羽怒目一声大喝，杨喜被吓得脸色煞白，急将马头掉转，狠命用鞭子抽打马背率领着部下逃窜，一直逃了好几里地才敢停下。其实项羽根本就没有去追杀他，而是按照约定和自己的其他部下在山的东面会合，并分为三队。因为树木遮挡，汉军分不清项羽在哪一队里。汉军于是也分成三部分包围项羽及其部下。汉军刚部署完，项羽率领着部下又冲杀下来，项羽冲入敌阵，先斩杀一都尉，然后挥戟横扫汉军，片刻之间汉军数百人死于项羽之手，汉军纷纷退避不敢阻挡项羽，项羽顺利率领部下杀出了重围。这一阵混战，项羽仅仅失去两名部下，汉军久经战阵的数千人马组成的包围圈，在项羽面前简直成了豆腐渣。

冲出重围后，项羽问部下们：“何如？”部下们皆道：“大王无敌！果然如大王所言！”

项羽率领着二十六名部下从东城冲出包围后，来到了乌江岸边。

这时，乌江亭长正撑船等候在江边，项羽向他奔了过来。乌江亭长对项羽说："大王赶快登船，现在乌江上下只有臣有船，汉军追来后，无法再渡江追赶了。大王，江东虽小，犹有千里之地，数十万百姓，亦足以称王再争天下！"

项羽下了马，望着滚滚乌江，不觉悲笑道："天欲亡我，我还何必渡江！而且当年项籍率八千子弟渡江西向灭暴秦，平天下，今无一人跟还。纵然江东父老怜我而尊我为王，我有何面目面对他们？纵然父老们毫无怨言，难道项籍就无愧于心吗？"

乌江亭长劝道："大王，胜败乃兵家常事，何必固执一时得失？汉军就快追到了，请速登船！"

项羽拍了拍乌骓的脖颈道："不必了，我知公为长者。此马已经跟随了我五年，所向无敌，曾一日驰骋千里，我不忍杀了它，就将它赐给公。我将在此与汉军最后一战，公速速渡江吧！"

项羽牵着乌骓，将马缰交到乌江亭长手里，乌骓感应到了主人的决定，眼里流出泪来，不住地回头看项羽。项羽也很舍不得乌骓，强忍住眼泪，没有再看乌骓一眼。

乌江亭长将乌骓牵到船上，慢慢撑船离开岸边，他看到遮天蔽日的汉军已经追杀过来，望着项羽那高大的背影，他不禁仰天问道："天兮！如此旷世绝代的英雄，难道真的要将他灭亡吗？"

送走乌江亭长后，项羽对二十六名部下说道："诸君将各自的战马都放走吧，今日我等必死于此，可最后痛快一战，何其壮哉！"

部下皆激昂道："今日与大王同死，是我等莫大荣耀！"

项羽道："好！稍后我们泉下相见！"

此时，汉军骑兵、步兵都已经杀到，项羽扔掉铁戟，拔出佩剑率领部下向汉军冲去。项羽和部下很快就被汉军分开，他们每一个人都要应

付几十人、上百人的围攻，二十六名部下终于在汉军的围攻下一个接着一个死去。而项羽一个人仍在继续战斗，身上已经有了十余处创伤，而汉军更惨，已经有数百人死在项羽剑下。这时，战场上忽然静了下来，汉军无人再敢向项羽靠近。项羽将长剑插在地上，大笑了起来。项羽环视着紧张的汉军，忽然在人群中看到一个熟人，问他道：“你不是我的故人吕马童吗？”吕马童此时是汉军骑兵司马。吕马童走出阵来，指着项羽对身边的将领王翳说：“这就是项王。”项羽又笑道：“我听说汉王悬赏千金，封万户侯，购我之头，今日我就成全你吧！”

项羽说完，从地上拔起长剑，横在肩上，直直地瞪着吕马童，然后腕上运力一割，鲜血从颈部喷涌而出，项羽终于倒下了……

公元前202年，年仅三十一岁的西楚霸王项羽生命终结于此。

项羽倒下后，吕马童、王翳等人为了得到万户侯的封赏，像发了疯似的争抢项羽的尸首，甚至不惜纵兵互相残杀起来。最后他们竟然残忍地将项羽肢解，吕马童、杨喜、王翳、吕胜、杨武各得尸体一部分，最后刘邦将五人都封为万户侯。

数千年以来，争夺天下者，莫不以成败相论，所谓成者王侯败者寇，几乎概莫能外，除了项羽。项羽虽然争夺天下失败，但留给后世的形象，始终是一位无可比拟的英雄，他个人的军事才能和勇武，至今无人可以超越，他是中国历史上真正的战神。而项羽令百千世后人敬仰的原因，其实最主要还不是他的绝世勇武，而是他做人的光明磊落和淋漓尽致的真性情的彰显。楚汉之时，有无数英雄豪杰，但只有项羽，无论是他的缺点、错误还是人格光辉之处，都完全没有一点掩饰地展露在世人面前，而反观刘邦、韩信、张良、陈平、英布、彭越等人，却终生也没有走出狡诈的阴影，虽然他们是“最后的胜利者”。

太史公司马迁在写《史记》时，对于项羽格外倾注笔力，他在《项羽本纪》中这样评价项羽：“我听说舜帝有双眼仁，听闻项羽也是如此，项羽莫非是舜帝的后裔？不然怎么会这么突然地兴起？秦国无道，陈胜首举反秦义旗，由是豪杰蜂起，不可胜数。然后项羽没有半分基业可以凭借，乘势起于方寸之地，仅仅用了三年时间，便率领天下诸侯灭除暴秦，裂土封王诸侯，天下之政皆决于项羽之手，号称‘霸王’，虽然未能有始有终，但近古以来也无人可以与他相比。既已分封诸侯，项羽却放弃关中而东归于楚，又流放义帝，那就无怪诸侯背叛了。而且项羽又自矜勇武绝世，不能以古人前事为借鉴，自以为霸王之业，当以武力经营，终于导致亡国身死。但至死仍不觉悟自责，却说‘天亡我，非用兵之罪’，岂不谬哉！”

太史公的这番对项羽的评价，古今以来，最为公允，项羽最大的失败就败在太过于崇尚武力，正是“恃德者昌，恃力者亡”，此千古不易之理。

垓下之战后，钟离昧和季布侥幸逃过了汉军的追杀。刘邦称帝后，继续派人追杀他们，两人到处躲藏。

钟离昧因为与韩信有旧交，所以就投靠了韩信，但这事被刘邦知道了。韩信怕刘邦向自己问罪，就逼迫钟离昧自杀。

季布则受到江湖大侠的保护，最终在夏侯婴的求情下，被刘邦赦免，其后做了汉臣，一直到汉文帝时才去世。

韩信、英布、彭越这三个在楚汉战争中最重要的人物，都没有落得什么好下场。刘邦称帝后，改封韩信为楚王。韩信此后一直受到刘邦的猜忌。韩信逼死了钟离昧不久，刘邦就将韩信抓回了长安，废为淮阴侯，韩信为此怨恨于心，阴谋造反，最终被萧何出卖，让吕后骗进宫里

杀死。韩信死后，英布惶恐不已，图谋造反，刘邦亲自率军攻打他，英布兵败逃亡时，被百姓杀死。彭越被刘邦封为梁王，倒是没想造反，但刘邦还是以谋反之罪将他夷灭宗族，枭首示众。

项羽自刎后，楚国全境投降，只有鲁县（今山东曲阜）坚不投降。驻守鲁县的是一位姓李的将军，麾下有三千人的军队。鲁县乃孔子故乡，人人恪守忠义，刘邦不敢强攻鲁县，派人拿着项羽的人头去给鲁县军民看，李将军见项羽果然身故，只好答应投降。

因为楚怀王熊心曾封项羽为鲁公，所以刘邦最后就以鲁公的礼节将项羽安葬于谷城（今山东泰安东平县）。丧礼刘邦安排得很妥当，并亲自将项羽下葬，哀哭后才离去。而葬礼结束后，刘邦想让李将军留在自己身边为臣，李将军婉拒了刘邦的好意，拔剑自刎于项羽墓前，殉节而死。项羽墓前碑文载其事曰“有李将军从王死，实附葬焉”。

项羽的墓被后世称为霸王墓，具体地址在山东泰安东平县旧县乡旧县三村东侧高台地上。霸王墓原占地六十余亩，汉柏数十株，土冢高十米，直径三百米，但后来霸王墓遭到破坏，如今封土直径才剩下三十多米，汉柏已无，墓地面积也剩下很少。现今还有一方清代人宋思仁所刊碑文，但年岁久远。很多字迹已经漫漶不清，大致内容是追述项羽的英雄事迹，抒发感慨。

此外，在项羽自刎之地，今天的乌江镇凤凰山上还有一座“衣冠冢”，所埋葬的是项羽惨遭肢解后的残骸和血衣。唐代时，在这里建成霸王祠，也称项亭、项王亭、楚庙、项羽庙。

对于项羽的宗族，刘邦都不算亏待，封项伯为射阳侯，项羽之所以战败，第一罪人其实就是这个项伯。对于其他项氏，刘邦各按功劳封为侯爵，赐姓刘氏。

参考文献

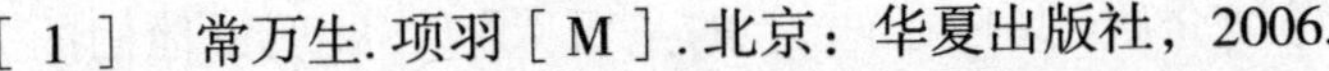

[1] 常万生. 项羽 [M]. 北京：华夏出版社，2006.

[2] 李金柱. 项羽传 [M]. 北京：北京联合出版公司，2013.

[3] 史杰鹏. 楚汉争霸 [M]. 北京：华夏出版社，2012.

[4] 黄中业. 汉高祖刘邦传 [M]. 吉林：吉林人民出版社，2010.

[5] 黎东方. 细说秦汉 [M]. 陈文豪，整理. 上海：上海人民出版社，2013.

[6] 吕思勉. 秦汉史 [M]. 北京：中国友谊出版公司，2009.

[7] 司马迁. 史记 [M]. 北京：中华书局，2014.

[8] 张大可，徐日辉. 张良萧何韩信评传 [M]. 南京：南京大学出版社，2007.

后 记

本系列图书详细介绍了中国历史上的圣贤人物，展现了他们的丰功伟绩和伟大人格，从侧面烘托出光辉灿烂的中华文明。本系列图书的作者和编辑为此付出了辛勤的劳动和汗水。此书的出版，还得到了中国财富出版社领导的大力支持，在此，谨向社领导和编辑同志表示由衷的感谢！

在本书的编写过程中，我们参考了大量的相关文献资料，引用了许多专家学者的著作和观点，我们已经征求了部分作者的同意并支付了稿酬，但也因为各种原因，有些参考图书的作者无法联系上。如书中观点、内容雷同于贵君所著书籍，烦请您及时与我处联系获得稿酬。

联系方式：724176693@qq.com